essentials

Yannic Linnemann

Einfach(es) Bauen: Zivilrechtliche Grundlagen und Beispiele aus der Praxis

Schnelleinstieg für Architekten und Bauingenieure

Springer Vieweg

Yannic Linnemann
Berlin, Deutschland

ISSN 2197-6708   ISSN 2197-6716 (electronic)
essentials
ISBN 978-3-658-51281-1   ISBN 978-3-658-51282-8 (eBook)
https://doi.org/10.1007/978-3-658-51282-8

Die Deutsche Nationalbibliothek verzeichnet diese Publikation in der Deutschen Nationalbibliografie; detaillierte bibliografische Daten sind im Internet über https://portal.dnb.de abrufbar.

Planung/Lektorat: Karina Danulat
Springer Vieweg ist ein Imprint der eingetragenen Gesellschaft Springer Fachmedien Wiesbaden GmbH und ist ein Teil von Springer Nature.
Die Anschrift der Gesellschaft ist: Abraham-Lincoln-Str. 46, 65189 Wiesbaden, Germany

Wenn Sie dieses Produkt entsorgen, geben Sie das Papier bitte zum Recycling.

- Erläuterungen zum Funktionalen Mangelbegriff
- Hinweise zu den allgemein anerkannten Regeln der Technik
- Erklärungen zu Abweichungen von üblichen Standards
- Gemeinsame Eckpunkte „Gebäudetyp E"
- Praxisbeispiele

Interessenkonflikt Der/die Autor*in hat keine relevanten Interessenskonflikte im Zusammenhang mit dieser Publikation.

Zusammenfassung

In Deutschland gibt es zu wenig Wohnungen und es wird zu wenig gebaut. Bauen wird immer teurer und die Baustandards werden immer höher. Das hat auch mit dem zivilrechtlichen Hintergrund zu tun, dass stillschweigend die Einhaltung der üblichen Baustandards geschuldet wird sowie die Einhaltung der allgemein anerkannten Regeln der Technik als Mindeststandard. Zugleich wird vermutet, dass DIN-Normen allgemein anerkannten Regeln der Technik wiedergeben. An ein Abweichen von den üblichen Standards und den allgemein anerkannten Regeln der Technik stellt die Rechtsprechung hohe Anforderungen. Um dieser

Thematik zu begegnen, gibt es von Seiten des Gesetzgebers das Vorhaben „Gebäudetyp E", mit dem ein innovativeres und kostengünstigeres Bauen ermöglicht werden soll.

Inhaltsverzeichnis

Einleitung

1

In Deutschland gibt es zu wenig Wohnungen und es wird zu wenig gebaut. Das liegt auch daran, dass insbesondere das Bauen von Wohngebäuden und damit einhergehend auch das Kaufen und Mieten von Wohnraum immer teurer wird. Grund dafür sind unter anderem immer höhere Qualitäts- und Komfortstandards sowie Anforderungen, denen Neubauten entsprechen müssen. Diese folgen einerseits aus den öffentlich-rechtlichen Vorgaben für Bauwerke, insbesondere den Landesbauordnungen. Andererseits wird auf Grund der aktuellen zivilgerichtlichen Rechtsprechung lieber mit zu hohen Standards geplant und gebaut, als sich später womöglich einem Haftungsvorwurf ausgesetzt zu sehen. Denn nach der Rechtsprechung des BGH sichern Planer und bauausführender Unternehmer stillschweigend die Einhaltung der allgemein anerkannten Regeln zu. Abweichungen davon können nur unter strengen Voraussetzungen wirksam vereinbart werden. Zudem soll es eine Vermutungswirkung dahingehend geben, dass technische Regelwerke, insbesondere DIN-Normen, allgemein anerkannte Regeln der Technik wiedergeben. Jede Abweichung davon kann einen Mangel darstellen. Diese rechtliche Situation kann einem innovativen und kostengünstigeren Bauen entgegenstehen. Insbesondere vernimmt man von Seiten der Planer das Bedürfnis, die rechtlichen Hürden für Abweichungen von bestimmten Standards und den allgemein anerkannten Regeln der Technik herabzusetzen, um innovativ planen und bauen zu können.

Um das zivilrechtliche „Problem" zu entschärfen, hat die Architektenkammer Bayern im Jahr 2022 die Initiative „Gebäudetyp e" ins Leben gerufen – „e" wie

Y. Linnemann, *Einfach(es) Bauen: Zivilrechtliche Grundlagen und Beispiele aus der Praxis*, essentials, https://doi.org/10.1007/978-3-658-51282-8_1

einfach oder experimentell. Im Kern geht es um die Änderung des Bauvertragsrechts, durch die bei Bauvorhaben auf gesetzlich nicht zwingende Baustandards verzichtet werden kann, um schneller und kostengünstiger bauen zu können (Bayrische Architektenkammer 2026).

Daraufhin hat die Ampel-Koalition 2024 den Referentenentwurf zum „Gebäudetyp E" vorgelegt, mit dem die Regelungen zum Bauvertrag im BGB geändert werden sollten. Dieser Entwurf wurde insbesondere in einer Stellungnahme des VII. Zivilsenats des BGH (BauR 2025, 1725) sowie von weiten Teilen der rechtswissenschaftlichen Literatur kritisiert.

Dennoch hat die Ampel-Koalition im November 2024 einen entsprechenden Gesetzesentwurf beschlossen (Deutscher Bundestag 2024), der aber aufgrund des vorzeitigen Endes der Wahlperiode nicht mehr umgesetzt wurde. Die große Koalition hat sodann die Absicherung des „Gebäudetyp E" in den Koalitionsvertrag vom 05.05.2025 aufgenommen. Das Bundesministerium der Justiz und für Verbraucherschutz (BMJV) und das Bundesministerium für Wohnen, Stadtentwicklung und Bauwesen (BMWSB) haben Teile der an dem Referentenentwurf geäußerten Kritik aufgenommen und im November 2025 ein gemeinsames Eckpunktepapier „Gebäudetyp E" vorgelegt, in dem insbesondere Änderungen der maßgeblichen Regelungen des BGB vorgeschlagen werden.

Ziel dieses *essentials* ist es, aufzuzeigen, welche rechtlichen Rahmenbedingungen der Diskussion zum „Gebäudetyp E" und dem generellen Thema „einfacher und kostengünstiger Bauen" zugrunde liegen bzw. entgegenstehen. Welche Standards sind überhaupt wann einzuhalten? Was hat es mit dem funktionalen Mangelbegriff sowie den allgemein anerkannten Regeln der Technik und technischen Regelwerken wie DIN-Normen auf sich? Es soll eine Handreichung sein, um die nach wie vor offene Entwicklung der Gesetzgebung (Stichwort „Gebäudetyp E") und Rechtsprechung richtig einordnen zu können sowie möglichst die Grundlagen dafür zu vermitteln, trotz der aktuell (noch) geltenden Rechtslage eigenständig Bauvorhaben mit anderen, bestenfalls einfacheren und günstigeren Standards umzusetzen, jedenfalls aber darüber ins Gespräch zu kommen. Dafür bedarf es zunächst der Klärung der rechtlichen Grundlagen zum funktionalen Mangelbegriff des Werk- und Bauvertragsrechts in Abgrenzung zu den allgemein anerkannten Regeln der Technik sowie den technischen Regelwerken wie DIN-Normen anhand der geltenden BGH- und obergerichtlichen Rechtsprechung. Zudem wird die Rechtsprechung zur (grundsätzlich möglichen) Abweichung von allgemein anerkannten Regeln der Technik und üblichen Standards nach der aktuellen BGH-Rechtsprechung dargestellt. Ferner werden auch kurz die Auswirkungen und Anforderungen in der Leistungskette (Kauf- und Mietvertrag) beleuchtet. Sodann werden die Vorschläge aus dem Eckpunktepapier dargestellt und eingeordnet und es werden bereits angeschobene Alternativen und Beispiele aus der Praxis vorgestellt, bevor letztlich aufgezeigt wird, wie man unter Umständen bereits heute Abweichungen von üblichen Standards vereinbaren kann.

Rahmenbedingungen nach dem geltenden Recht

Das gemeinsame Eckpunktepapier des BMJV und des BMWSB (dazu noch im Einzelnen unter Kap. 4) sowie zuvor bereits die Begründung für den Entwurf eines Gesetzes zur zivilrechtlichen Erleichterung des Gebäudebaus (Gebäudetyp-E-Gesetz) stellen darauf ab, dass nach gefestigter höchstrichterlicher Rechtsprechung für ein mangelfreies Werk nach § 633 des Bürgerlichen Gesetzbuchs (BGB) grundsätzlich die Einhaltung der sogenannten anerkannten Regeln der Technik geschuldet sei. Beschaffenheitsvereinbarungen, mit denen von den anerkannten Regeln der Technik abgewichen wird, seien jedoch nach ständiger Rechtsprechung derzeit nur wirksam, wenn umfangreiche Aufklärungs- und Hinweispflichten eingehalten werden. Bei einem Unterschreiten der anerkannten Regeln der Technik als technischer Mindeststandard ohne (wirksame) „Beschaffenheitsvereinbarung nach unten" (Begriff nach Langen/Berger/Dauner-Lieb/Langen, § 633 Rn. 83) liege grundsätzlich ein Sachmangel der Bauleistung vor. Wegen der möglichen Haftung des Unternehmers bei Fehlen bzw. unwirksamer Beschaffenheitsvereinbarung werde von einem Abweichen von den anerkannten Regeln der Technik abgesehen. Ziel des Gesetzesvorhabens sei es, Abweichungen von den anerkannten Regeln der Technik zwischen fachkundigen Unternehmern rechtssicher zu ermöglichen.

Um diese Begründung einzuordnen, sind zunächst die entsprechenden gesetzlichen Regelungen zu beleuchten.

Gemäß § 633 Abs. 1 BGB hat der Unternehmer dem Besteller das Werk frei von Sach- und Rechtsmängeln zu verschaffen. Ist das Werk mangelhaft, kann der Besteller gemäß § 634 BGB Gewährleistungsrechte geltend machen, sofern die jeweiligen weiteren Voraussetzungen dafür vorliegen.

Y. Linnemann, *Einfach(es) Bauen: Zivilrechtliche Grundlagen und Beispiele aus der Praxis*, essentials,
https://doi.org/10.1007/978-3-658-51282-8_2

2.1 Übersicht Gewährleistungsrechte

Liegt ein Mangel vor (Abschn. 2.2), kann der Besteller zunächst Nacherfüllung verlangen. Der Unternehmer hat nach seiner Wahl den Mangel zu beseitigen oder ein neues Werk herzustellen (§ 635 Abs. 1 BGB). Nach § 635 Abs. 2 BGB hat er die zum Zwecke der Nacherfüllung erforderlichen Aufwendungen zu tragen, kann die Nacherfüllung aber verweigern, wenn sie nur mit unverhältnismäßig hohen Kosten zu möglich ist (§ 635 Abs. 3 BGB).

Kommt der Unternehmer der Pflicht zur Nacherfüllung trotz Fristsetzung nicht nach, kann der Besteller vom Vertrag zurücktreten oder Schadensersatz verlangen. Das gleiche gilt, wenn die Fristsetzung ausnahmsweise entbehrlich ist oder die Nacherfüllung fehlgeschlagen oder dem Besteller nicht zumutbar ist (§ 636 BGB).

Gemäß § 637 Abs. 1 BGB kann der Besteller nach erfolgloser Fristsetzung den Mangel auch selbst beseitigen und Ersatz der erforderlichen Aufwendungen verlangen, wenn nicht der Unternehmer die Nacherfüllung zu Recht verweigert. Der Besteller hat einen Anspruch auf Kostenvorschuss (§ 637 Abs. 3 BGB).

Der Besteller kann auch die Vergütung durch Erklärung gegenüber dem Unternehmer mindern, § 638 Abs. 1 BGB. Dafür müssen die Voraussetzungen für den Rücktritt vorliegen, also der Ablauf einer Frist zur Nacherfüllung, sofern dies nicht ausnahmsweise entbehrlich ist, oder die Nacherfüllung ist fehlgeschlagen oder dem Besteller nicht zumutbar.

Das Vorstehende gilt für Architekten- und Ingenieurverträge entsprechend, § 650q Abs. 2 BGB. Der Architekt oder Ingenieur haftet also für Planungsfehler bzw. -mängel. Realisiert sich ein Planungsfehler im Bauwerk, liegt zugleich ein Baumangel vor. Architekt und Bauunternehmer können dafür u. U. gesamtschuldnerisch haften (§ 426 BGB). Das bedeutet, dass im Außenverhältnis beide gegenüber dem Besteller haften und der Besteller sich grundsätzlich aussuchen kann, wen er auf die gesamte Leistung in Anspruch nimmt. Im Innenverhältnis hat ein Ausgleich stattzufinden. Derjenige, der vom Auftraggeber in Anspruch genommen wird, kann bei dem anderen Gesamtschuldner Regress nehmen. Für den bauüberwachenden Architekten ist diese gesamtschuldnerische Haftung mit dem ausführenden Unternehmer in § 650t BGB mit der Einschränkung kodifiziert, dass der Bauüberwacher Schadensersatz verweigern kann, wenn auch der ausführende Bauunternehmer für den Mangel haftet und der Besteller dem bauausführenden Unternehmer noch nicht erfolglos eine angemessene Frist zur Nacherfüllung gesetzt hat.

Gemäß § 650u Abs. 1 S. 2 BGB finden bei Bauträgerverträgen hinsichtlich der Errichtung oder des Umbaus die Vorschriften der §§ 631 ff. BGB ebenfalls Anwendung.

§ 13 VOB/B regelt Vergleichbares für die Fälle, in denen die VOB/B anzuwenden ist.

2.2 Mangel

Ob ein Werk mangelhaft ist und der Unternehmer haftet, bestimmt sich in erster Linie nach § 633 Abs. 2 S. 1 und 2 BGB:

> „Das Werk ist frei von Sachmängeln, wenn es die vereinbarte Beschaffenheit hat. Soweit die Beschaffenheit nicht vereinbart ist, ist das Werk frei von Sachmängeln,
> 1. wenn es sich für die nach dem Vertrag vorausgesetzte, sonst
> 2. für die gewöhnliche Verwendung eignet und eine Beschaffenheit aufweist, die bei Werken der gleichen Art üblich ist und die der Besteller nach der Art des Werkes erwarten kann."

§ 13 Abs. 1 S. 2 und 3 VOB/B regelt für Bauverträge, für die die VOB/B anwendbar ist, Folgendes:

> „Die Leistung ist zur Zeit der Abnahme frei von Sachmängeln, wenn sie die vereinbarte Beschaffenheit hat und den anerkannten Regeln der Technik entspricht. Ist die Beschaffenheit nicht vereinbart, so ist die Leistung zur Zeit der Abnahme frei von Sachmängeln,
> 1. wenn sie sich für die nach dem Vertrag vorausgesetzte, sonst
> 2. für die gewöhnliche Verwendung eignet und eine Beschaffenheit aufweist, die bei Werken der gleichen Art üblich ist und die der Auftraggeber nach der Art der Leistung erwarten kann."

Um mangelfrei zu sein, muss das Werk also bestimmte Kriterien erfüllen bzw. darf nicht von diesen abweichen. Kurz gesagt liegt ein Mangel vor, wenn die Ist-Beschaffenheit negativ von der Soll-Beschaffenheit abweicht.

Als Anknüpfungspunkte dafür, woraus sich die Soll-Beschaffenheit ergibt, nennt das Gesetz abgestuft mehrere alternative Möglichkeiten, namentlich:

- die vereinbarte Beschaffenheit,
- die Eignung für die vom Vertrag vorausgesetzte Verwendung des Werks
- und letztlich die Eignung für die gewöhnliche Verwendung des Werks, wenn dieses zudem eine Beschaffenheit aufweist, die bei Werken der gleichen Art üblich ist und die der Besteller nach der Art des Werkes erwarten kann.

In erster Linie maßgeblich also ist die zwischen den Parteien vereinbarte Beschaffenheit des Werks. Weil es nur darauf ankommt, was die Parteien nach ihren Vorstellungen vereinbaren wollten, geht man auch vom sogenannten subjektiven Mangelbegriff aus. Die vereinbarte Beschaffenheit wird bestenfalls im Vertrag festgehalten. Diese Vereinbarung ist nach §§ 133, 157 BGB auszulegen. Dabei ist der wirkliche Wille zu erforschen und nicht an dem Buchstäblichem festzuhalten. Verträge sind ferner so auszulegen, wie Treu und Glauben mit Rücksicht auf die Verkehrssitte es erfordern.

Maßgeblich ist das Gesamte Vertragswerk (BGH, NJW 2012, 518). Handelt es sich um einen Auftrag, den ein öffentlicher Auftraggeber im Wege eines Vergabeverfahrens ausgeschrieben hat, ist die objektive Sicht eines potenziellen Bieters maßgeblich (BGH, NZBau 2014, 185; OLG Celle, VPR 2022 Heft 1, 24). Die Auslegung eines auslegungsbedürftigen Leistungsverzeichnisses kann auch zur Folge haben, dass der Inhalt der Ausschreibung zulasten des Bieters um in dem Leistungsverzeichnis zwar nicht ausdrücklich ausgesprochene, aber nach den Gesamtumständen zweifelsfrei gewollte und vereinbarte Inhalte ergänzt werden muss, wenn dies das Resultat einer normativ-objektiven, beiderseits interessengerechten Auslegung ist (vgl. BGH, NZBau 2002, 324; OLG Frankfurt a. M., OLG Frankfurt a. M., BeckRS 2019, 11369; BeckOK VergabeR/Thiele, § 29 Rn. 22).

Es ist also zunächst zu ermitteln, was die Parteien in Bezug auf die Beschaffenheit des konkreten Werks vereinbart haben.

2.2.1 Funktionaler Mangelbegriff

Auch, wenn die Parteien es nicht ausdrücklich vereinbart haben, schuldet der Unternehmer immer ein funktionierendes Werk in Bezug auf den vereinbarten bzw. vorgesehenen Zweck.

Fallbeispiel 1.1

Ein Unternehmer wird mit der Planung und Errichtung einer Brücke beauftragt und die Parteien vereinbaren ausdrücklich eine bestimmte Tragfähigkeit der Brücke. Weiß der Unternehmer aber (oder war es für ihn zumindest erkennbar), dass über die Brücke schwere Fahrzeuge fahren sollen, für die die vereinbarte Tragfähigkeit nicht ausreicht, liegt ein mangelhaftes Werk vor. Denn obwohl die Brücke der vertraglich vereinbarten Beschaffenheit entspricht, ist das Werk mangels entsprechender Tragfähigkeit für den vorgesehenen Zweck nicht funktionsfähig. Der Unternehmer hätte den Besteller darauf hinweisen müssen und bei Beauftragung eines entsprechenden Nachtrags gegen zusätzliche Vergütung eine ausreichend tragfähige Brücke planen und errichten müssen. Würde der Besteller auf die nicht ausreichend tragfähige Brücke bestehen, wäre der Unternehmer jedenfalls insoweit von seiner Haftung befreit.

Das Vorstehende folgt aus dem sogenannten funktionalen Mangelbegriff. Dem liegt zugrunde, dass zum früheren Mangelbegriff nach § 633 Abs. 1 BGB in der Fassung bis zum 01.01.2002 Voraussetzung für die Mangelfreiheit war, dass das Werk (auch) zu dem gewöhnlichen oder nach dem Vertrag vorausgesetzten Gebrauch tauglich sein musste. So lautete § 633 Abs. 1 BGB a. F. wie folgt:

> „Der Unternehmer ist verpflichtet, das Werk so herzustellen, daß es die zugesicherten Eigenschaften hat und nicht mit Fehlern behaftet ist, die den Wert oder die Tauglichkeit zu dem gewöhnlichen oder dem nach dem Vertrage vorausgesetzten Gebrauch aufheben oder mindern."

Im Vergleich dazu stellt § 633 Abs. 2 S. 1 BGB n. F. gerade nicht auf die Gebrauchstauglichkeit ab. Der Gesetzgeber wollte allerdings mit der Einführung des neuen § 633 nicht die Unnawendbarkeit der bisherigen Rechtsprechung regeln. Dementsprechend hat der BGH mit der sogenannten Blockheizkraftwerk-Entscheidung (NJW 2008, 511) entschieden, dass auch nach dem neuen Recht ein Werk nicht der vereinbarten Beschaffenheit entspricht, wenn es nicht die vereinbarte Funktionstauglichkeit aufweist. Die Erreichung der Funktionstauglichkeit wird in die Beschaffenheitsvereinbarung hineingelesen.

Daraus folgt also: Ein Werk ist mangelfrei, wenn es der vereinbarten Beschaffenheit entspricht und für den vertraglich vorausgesetzten Gebrauch geeignet ist. Der Auftragnehmer muss ein dauerhaft funktionsfähiges Werk herstellen.

2.2.2 Eignung für die gewöhnliche Verwendung

Haben die Parteien die Beschaffenheit des Werks nicht ausdrücklich vereinbart, liegt ein Mangel vor, wenn das Werk sich nicht für die nach dem Vertrag vorausgesetzte Verwendung eignet oder, wenn auch dies nicht feststellbar ist, es sich nicht für die gewöhnliche Verwendung eignet und keine Beschaffenheit aufweist, die bei Werken der gleichen Art üblich ist und die der Besteller nach der Art des Werkes erwarten kann (§ 633 Abs. 1 S. 2 Nrn. 1 und 2 BGB).

Fallbeispiel 1.2

Für das Beispiel 1.1 heißt das: Wird der Besteller mit der Planung und Errichtung
einer Brücke beauftragt und ist klar, dass darüber schwere Fahrzeuge fahren
sollen, schuldet der Unternehmer eine Brücke mit entsprechender Tragfähigkeit. Die Benutzung durch schwere Fahrzeuge ist die nach dem Vertrag vorausgesetzte Verwendung.
Ist nicht klar, dass über die Brücke schwere Fahrzeuge fahren sollen, ist auf die gewöhnliche Verwendung einer Brücke abzustellen. Das ist angesichts der Vielzahl von möglichen Einsatzgebieten (Fußgängerbrücke, Straße, Eisenbahn)
zwar eher schwierig. Daraus folgt aber nicht, dass unbedingt schwere Fahrzeuge darüber fahren werden.

2.2.3 Allgemein anerkannte Regeln der Technik

Eine wichtige Rolle hinsichtlich der Beurteilung, ob ein Werk mangelhaft ist oder
nicht, ist der Technikstandard der „allgemein anerkannten Regeln der Technik",
auf den auch das Eckpunktepapier und der bisherige Referentenentwurf „Gebäudetyp E" als (vermeintliche) maßgebliche Preistreiber abzielen.

Während § 4 Abs. 2 Nr. 1 S. 2 VOB/B den Auftragnehmer ausdrücklich verpflichtet, bereits bei der Ausführung seiner Leistungen die allgemein anerkannten
Regeln der Technik zu beachten und § 13 Abs. 1 VOB/B ausdrücklich bestimmt,
dass die Leistung nur dann mangelfrei ist, wenn sie (auch) den anerkannten Regeln
der Technik entspricht, fehlen entsprechende Regelungen im BGB. Allerdings ist
auch für einen BGB-Vertrag allgemein anerkannt, dass sowohl der ausführende
Unternehmer als auch der Planer und Überwacher ohne abweichende Vereinbarung
die Einhaltung der allgemein anerkannten Regeln der Technik als Mindeststandard
schulden.

Das bedeutet im Grundsatz, dass der Unternehmer für die Herstellung eines
mangelfreien Werks kumulativ eine ggf. vereinbarte Beschaffenheit einhalten, die
Funktionstauglichkeit herstellen und die allgemein anerkannten Regeln der Technik einhalten muss.

2.2.3.1 Definition

Bei den allgemein anerkannten Regeln der Technik handelt es sich um einen un-
bestimmten Rechtsbegriff, der auf die Entwicklung von Wissen und Technik Bezug
nimmt. Die Verwendung dieses Begriffs hat den Vorteil, dass der Gesetzgeber in
Normen, bei denen es drauf ankommt, dass die aktuellen allgemein anerkannten

Regeln der Technik eingehalten werden, nur diesen Begriff verwenden muss, ohne die Norm laufend an die wissenschaftliche und technische Entwicklung anpassen zu müssen (Seibel, NJW 2013, 3000, 3000 m. w. N.).

Der Begriff der allgemein anerkannten Regeln der Technik ist gesetzlich nicht definiert. Allgemein sind darunter diejenigen technischen Regeln für den Entwurf und die Ausführung baulicher Anlagen zu verstehen, die in der technischen Wissenschaft als theoretisch richtig erkannt sind und feststehen, sowie insbesondere in dem Kreise der für die Anwendung der betreffenden Regeln maßgeblichen, nach dem neuesten Erkenntnisstand vorgebildeten Techniker durchweg bekannt und aufgrund fortdauernder praktischer Erfahrung als technisch geeignet, angemessen und notwendig anerkannt sind (so z. B. OLG Hamm, NZBau 2020, 29; ebenso BeckOK BauVertrR/Popescu, BGB § 633 Rn. 91; vgl. auch Kniffka/Koeble/Jurgeleit/ Sacher/Jurgeleit, Teil 5 Rn. 56).

Es müssen also zwei Bedingungen erfüllt sein, damit es sich bei einer technischen Regel um eine allgemein anerkannte Regel der Technik handelt (vgl. dazu Seibel, a. a. O., 3001):

1. die allgemeine wissenschaftliche Anerkennung, d. h. die fragliche technische Regel muss der Richtigkeitsüberzeugung der vorherrschenden Ansicht der technischen Fachleute entsprechen und
2. die praktische Bewährung, d. h. die fragliche technische Regel muss in der Praxis erprobt und bewährt sein.

Die technischen Fachleute, die von der Richtigkeit überzeugt sein müssen, sind in erster Linie die im jeweiligen Gewerk tätigen Handwerker, insbesondere Meister und Poliere, sowie im konstruktiven Bereich die Techniker bzw. Ingenieure (Kapellmann/Messerschmidt/Merkens, VOB/B § 4 Rn. 55; MüKoBGB/Busche, § 633 Rn. 18).

Für die allgemeine wissenschaftliche Anerkennung reicht eine bloß stark vertretene Ansicht nicht aus (Messerschmidt/Voit/Moufang/Koos, BGB § 633 Rn. 25). Vielmehr dürften die fraglichen technischen Regeln keinem (grundlegenden) Meinungsstreit ausgesetzt sein (MüKoBGB/Busche, a. a. O.).

Das OLG Düsseldorf (NZBau 2023, 454) hat ergänzt, dass es sich bei den allgemein anerkannten Regeln der Technik um standardisierte Verfahren handelt, die sich in der Vergangenheit bewährt haben. Dabei sind ungeschriebene anerkannte Regeln der Technik ebenso maßgeblich wie geschriebene Regeln (vgl. BGH, NJW 2014, 620; OLG Düsseldorf, NZBau 2023, 454).

Von den allgemein anerkannten Regeln der Technik zu unterscheiden ist der Stand der Technik. Es handelt sich um das gegenwärtig technisch höchstmöglich

Ausführbare, das sich (noch) nicht in der Praxis bewährt und durchgesetzt haben muss (BeckOK BauVertrR/Popescu, § 633 Rn. 92). Noch weitergehend ist der Technikstandard „Stand der Wissenschaft und Technik", der z. B. in § 7 Abs. 2 Nr. 3 des Gesetzes über die friedliche Verwendung der Kernenergie und den Schutz gegen ihre Gefahren (Atomgesetz – AtG) genannt wird. Damit gemeint sind die neuesten technischen und wissenschaftlichen Erkenntnisse, wobei es sich nicht um bereits Machbares handeln muss (vgl. Seibel, NJW 2013, 3000., 3003).

2.2.3.2 Geschuldeter Mindeststandard

Das „Problem" mit den allgemein anerkannten Regeln der Technik ist nun, dass nach der Rechtsprechung des BGH Planer und bauausführende Unternehmen stillschweigend deren Einhaltung als Mindeststandard versprechen und schulden, auch bzw. gerade, wenn nicht ausdrücklich etwas anderes im Vertrag vereinbart wurde. Auch wenn im Allgemeinen Einigkeit über das Vorstehende besteht (vgl. Leinemann/Kues/Steffen, § 633 Rn. 36), gibt es unterschiedliche dogmatische Begründungen, dass und warum der Unternehmer die allgemein anerkannten Regeln grundsätzlich zu beachten hat.

Nach der aktuellen Rechtsprechung des BGH sichert der Unternehmer bei Fehlen anderslautender Vereinbarungen stillschweigend zu, die allgemein anerkannten Regeln der Technik einzuhalten, sodass eine entsprechende Beschaffenheitsvereinbarung im Sinne des § 633 Abs. 2 S. 1 BGB vorliegt. Dazu hat der BGH (NJW 1998, 2814) ausgeführt:

> „Der Besteller kann redlicherweise erwarten, daß das Werk zum Zeitpunkt der Fertigstellung und Abnahme diejenigen Qualitäts- und Komfortstandards erfüllt, die auch vergleichbare andere zeitgleich fertiggestellte und abgenommene Bauwerke erfüllen. Der Unternehmer sichert üblicherweise stillschweigend bei Vertragsschluß die Einhaltung dieses Standards zu. Es kommt deshalb im allgemeinen auf den Stand der anerkannten Regeln der Technik zur Zeit der Abnahme an [...]."

Diese Auffassung hat der BGH mit weiteren Urteilen (NJW-RR 2011, 1240 und NJW 2013, 1226) bestätigt und die allgemein anerkannten Regeln der Technik in Bezug zum funktionalen Mangelbegriff gesetzt. Danach ist Werk einerseits regelmäßig mangelhaft, wenn es nicht den stillschweigend zugesicherten allgemein anerkannten Regeln der Technik entspricht. Andererseits liegt auch dann ein Mangel vor, wenn das Werk zwar den allgemein anerkannten Regeln der Technik entspricht, aber nicht funktionstauglich und zweckentsprechend ist (BGH, NJW-RR 2011, 1240).

Fallbeispiel 1.3

Die bereits im Fallbeispiel 1.1 angeführte Brücke wurde entsprechend den allgemein anerkannten Regeln der Technik errichtet. Sie eignet sich dennoch nicht für die schweren Fahrzeuge, für die der Auftraggeber sie vorgesehen hat, weil die Tragfähigkeit nicht ausreicht. Es liegt ein Mangel vor.

Die Einhaltung der allgemein anerkannten Regeln der Technik ist als Mindeststandards geschuldet. Das kann bedeuten, dass die zivilrechtlich bzw. bauvertraglich geschuldeten Anforderungen über die öffentlich-rechtlichen Anforderungen, die ein Bauwerk für den Erhaltung einer Baugenehmigung erfüllen muss, hinausgehen können (BGH, NJW 2018, 391):

> „Im Ausgangspunkt zutreffend geht das BerGer. davon aus, dass der Auftragnehmer im Rahmen eines Vertrags, in den die VOB/B (2006) einbezogen ist, gem. § 13 Nr. 1 VOB/B (2006) zum Zeitpunkt der Abnahme ein Bauwerk schuldet, das der vereinbarten Beschaffenheit und den allgemein anerkannten Regeln der Technik entspricht.
>
> Danach ist die Einhaltung der allgemein anerkannten Regeln der Technik unabhängig davon geschuldet, ob öffentlich-rechtlich geringere Anforderungen an die Bauausführung gestellt werden. Der Umstand, dass ein Bauwerk öffentlich-rechtlich zulässig ist und genutzt werden darf, ändert nichts daran, dass der Auftragnehmer die sich in den allgemein anerkannten Regeln der Technik widerspiegelnden üblichen (höheren) Qualitäts- und Sicherheitsanforderungen einzuhalten hat."

Öffentlich-rechtliche Mindeststandards des Bauordnungs- und Bauplanungsrechts sind also nicht zwingend mit den zivilrechtlich einzuhaltenden Mindeststandards gleichzusetzen.

Welcher Mindeststandard geschuldet ist und welche anerkannten Regeln der Technik einzuhalten sind, richtet sich auch danach, welcher Standard generell vereinbart wurde bzw. sich mittels Auslegung der Vertragsunterlagen (s. o.) ergibt. Wird z. B. allgemein ein gehobener Standard vereinbart, sind die allgemein anerkannten Regeln der Technik, die sich auf diesen Standard beziehen, als Mindeststandard geschuldet. Wird nur ein normaler Standard vereinbart, sind dementsprechend die darauf bezogenen allgemein anerkannten Regeln der Technik der geschuldet Mindeststandard (vgl. BGH, NJW 1998, 2814; VII. Zivilsenat des BGH, BauR 2024, 1725, 1726).

Zu beachten ist ferner, dass die Nichteinhaltung der stillschweigend vereinbarten allgemein anerkannten Regeln der Technik sich nicht nachteilig auf die Beschaffenheit des Werks auswirken muss – wenn die Funktionsfähigkeit gegeben ist.

Das bloße Abweichen von den allgemein anerkannten Regeln der Technik begründet bereits einen Mangel, weil diese Regeln dazu dienen, mit der notwendigen Gewissheit sicherzustellen, dass bestimmte Eigenschaften des Werks erreicht werden (BGH, NJW 2013, 1226). Das liegt darin begründet, dass die Gewährleistungsrechte für Mängel eines Bauwerks bzw. für Planungs- und Überwachungsfehler innerhalb von fünf Jahren verjähren (§ 634a Abs. 1 Nr. 2 BGB). Ist für Mängelansprüche in einem VOB-Vertrag keine abweichende Verjährungsfrist vereinbart, so beträgt sie für Bauwerke 4 Jahre, § 13 Abs. 4 S. 1 VOB/B. Die Lebensdauer eines Bauwerks geht aber deutlich darüber hinaus. Ein Bauwerk muss i. d. R. mehr als 60 Jahre funktionstauglich bleiben. Wenn sich aber ein Mangel z. B. erst nach zehn Jahren zeigt, sind die Gewährleistungsrechte gegenüber Planer und ausführendem Unternehmer bereits verjährt. Die Einhaltung der anerkannten Regeln der Technik soll daher sicherstellen, dass das Bauwerk über die kurze Gewährleistungsfrist hinaus funktionstauglich bleibt. Dies soll dadurch erreicht werden, dass es sich bei den allgemein anerkannten Regeln gerade um solche Regeln handelt, die gemäß der genannten Definition wissenschaftlich anerkannt sind und sich bereits in der Praxis bewährt haben. Wenn das der Fall ist und diese Regeln eingehalten werden, kann man davon ausgehen, dass das Bauwerk auch über die Gewährleistungsfrist hinaus funktionstauglich bleiben wird.

So hat der BGH (NZBau 2006, 177) für eine Asphaltdecke entschieden,

> „dass der aufgebrachte Asphalt nicht den nach den anerkannten Regeln der Technik vorgegebenen Qualitätsanforderungen entspricht. […]
>
> Rechtsfehlerfrei ist auch die Feststellung, dass diese Mängel zu einer Verkürzung der Nutzungsdauer der Deckschicht führen, wodurch die übliche Zeit der Nutzbarkeit eines solchen Straßenbelags von im Schnitt 16 Jahren unterschritten werde. Die hiergegen gerichteten Angriffe der Anschlussrevision sind nicht begründet. Dem steht nicht entgegen, dass der Sachverständige die verringerte Nutzungsdauer nicht berechnen konnte und nur Vermutungen darüber anzustellen vermochte, wann der „Warnwert" überschritten sein und Erhaltungsmaßnahmen unabdingbar werden würden. Die Verkürzung der Nutzungsdauer steht nicht in Frage, sondern nur deren Ausmaß. Die Asphaltdecke ist mangelhaft und ihre Gebrauchstauglichkeit gemindert."

Für ein Schaufenster und dessen Dichtigkeit gegen Regelwasser hat der BGH (NJW 1981, 2801) entschieden, dass es nicht darauf ankommt, ob bereits Feuchtigkeitsschäden aufgetreten sind. Ein Mangel liegt bereits dann vor, wenn die Leistung nicht den anerkannten Regeln der Technik entspricht, vor allem dann, wenn die vom Unternehmer gewählte Ausführung des Werkes das Risiko eines Schadens in sich birgt. Der Besteller muss in diesem Fall nicht abwarten, bis sich ein Schaden zeigt.

Das hat jüngst z. B. das OLG Stuttgart (NJW-RR 2023, 1317) bestätigt, das ausführt, dass der Verstoß gegen die allgemein anerkannten Regeln der Technik und die damit verbundene Schadensneigung einen Mangel des Werks begründen, auch wenn noch keine Mangelsymptome aufgetreten sind.

Wenn sich Abweichungen nicht oder nur in geringem Maße auswirken, kann aber der Einwand greifen, dass der Aufwand der Mängelbeseitigung unverhältnismäßig ist (BGH, NJW-RR 2015, 1300; OLG Düsseldorf, IBR 2021, Heft 3, 125).

Zu beachten ist, dass diejenigen allgemein anerkannten Regeln der Technik maßgeblich sind, die im Zeitpunkt der Abnahme gelten. Im Laufe der Planung bzw. Ausführung können sich also die Anforderungen, die das Bauwerk erfüllen muss, ändern. Will der Unternehmer sich nicht im Zeitpunkt der Abnahme dem Vorwurf eines Mangels aussetzen, muss er den Besteller auf die sich geänderten Regelungen hinweisen. Der Besteller kann sich dann entscheiden, ob er an der bisherigen Vereinbarung festhält oder der Unternehmer seine Leistung an die aktuellen Regelungen anpassen soll, wofür er dann aber grundsätzlich auch eine Mehrvergütung verlangen kann (BGH, NJW 2018, 391).

2.2.3.3 Rechtsfolge und Kritik

Das heißt also: Die anerkannten Regeln der Technik müssen nicht ausdrücklich im Vertrag erwähnt werden, die Einhaltung wird trotzdem geschuldet. Werden sie nicht eingehalten, liegt ein Mangel vor, und zwar selbst denn, wenn damit im Einzelfall (noch) kein Nachteil einhergeht. Werden sie eingehalten, kann dennoch ein Mangel vorliegen, wenn das Werk nicht funktionstauglich ist.

Dass der Unternehmer die Einhaltung der allgemein anerkannten Regeln schuldet, ohne dass dies explizit vereinbart wird, ist insbesondere mit Blick auf das Verhältnis von Gewährleistungsfrist zu Nutzungsdauer nachvollziehbar. Allerdings führt gerade die Annahme eines Mangels aufgrund des bloßen Risikos bzw. der Schadensgeneigtheit bei Abweichungen zu einer im Zweifel zu scharfen Haftung, wie das folgende Beispiel von Leupertz (BauR 2025, 365, 366) zeigt:

Fallbeispiel 2

Ein Wohnhaus mit Keller wird mit einer „schwarzen Wanne" (Bitumen-Abdichtung) errichtet. Nach den anerkannten Regeln der Technik wäre der Keller auf dem Baugrundstück wegen der vorgefundenen Grundwassersituation aber mit einer „weißen Wanne" (WU-Konstruktion) zu errichten gewesen. Wäre der Keller feucht, würde der Unternehmer selbstverständlich haften, weil der funktionale Werkerfolg „trockener Keller" nicht eingetreten ist. Nach der dargestellten Rechtsprechung des BGH liegt aber auch ein Mangel vor, wenn der Keller nach

4,5 Jahren trocken ist, weil die anerkannten Regeln der Technik nicht eingehalten wurden. Der Unternehmer müsste also eine aufwändige Mangelbeseitigung durchführen, obwohl der Keller trocken ist. Ihm bliebe lediglich der Einwand, dass der Mangelbeseitigungsaufwand unverhältnismäßig ist.

Das ist allein darin begründet, dass gewährleistet sein muss, dass der Keller auch noch weitere 45 bis 55 Jahre trocken bleibt, was mit der „schwarzen Wanne" mangels Bewährung in der Praxis und dem Nachweis des Erfolgs für diesen Zeitraum (noch) nicht sichergestellt ist. Wenn der Keller dann beispielsweise sieben Jahren nach der Abnahme feucht ist, könnte der Besteller ansonsten (außer bei Arglist) keine Gewährleistungsrechte geltend machen.

Das ist nachvollziehbar und jedenfalls für Sicherheitsstandards (Standsicherheit, Brandschutz, Feuchteschutz, ggf. Schallschutz) sinnvoll. Daher sollte sich die stillschweigende Verpflichtung jedenfalls nur auf Sicherheitsstandards beziehen (vgl. Zöller, IBR 2024, 443). Allerdings ist fraglich, ob sich die Unterscheidung zwischen Komfort- und Sicherheitsstandard immer möglich ist (vgl. BeckOK BGB/Voit, § 633 Rn. 14).

Wenn die Leistung nicht den allgemein anerkannten Regeln der Technik entspricht, kann sich der Unternehmer Stand jetzt allerdings nur durch verteidigen, dass er darlegt, dass entweder etwas abweichendes vereinbart wurde (dazu noch sogleich unter Abschn. 2.2.4) oder dass seine Leistung zwar nicht den allgemein anerkannten Regeln der Technik entspricht, aber (mindestens) gleichwertig ist. So kann es bei diesem Fallbeispiel 1.2 auch sein, dass der Keller mit der „schwarzen Wanne" ebenfalls 60 Jahre trocken bleibt, weil diese Ausführung letztlich doch gleichwertig ist. Solange der BGH allerdings an seiner Rechtsprechung festhält, ist es der sicherste Weg, davon auszugehen, dass der Unternehmer die Einhaltung der allgemein anerkannten Regeln der Technik stillschweigend zusichert. Weil nach dem BGH die allgemein anerkannten Regeln der Technik als Beschaffenheitsvereinbarung gelten, begründet jede Abweichung automatisch einen Mangel.

2.2.3.4 Inhalt

Fraglich ist nun allerdings, was genau die allgemein anerkannten Regeln der Technik im Konkreten sind.

Die allgemein anerkannten Regeln der Technik sind als Mindeststandard geschuldet (BGH, NJW 2013, 1226). Nach Zöller (IBR 2024, 443) bedeutet Mindeststandard

„die Sicherstellung der Funktion für die vorgesehene Nutzungsdauer bei zu erwartenden Einwirkungen und üblichen Instandhaltungen. Schallschutz ist, wie die

Anzahl von Steckdosen in Wohnungen, nicht über einen Mindeststandard zu klären, sondern Komfortstandard, der verhandelbar ist und jeweils vertraglich vereinbart werden sollte."

Gleiches dürfte für Komfortstandards wie etwa Fußbodenheizung, große Fenster, ein Gäste-WC etc. gelten. Solche Komfortstandards sind vielleicht mittlerweile marktüblich, aber nicht für die Funktion erforderlich. Ein Abweichen wäre auch bei fehlender Vereinbarung nach „unten" (dazu unter Abschn. 2.2.4) kein Mangel – wenn eben nicht ein gehobener Standard bzw. eine gehobene Ausstattung vertraglich vereinbart wurde.

Die allgemein anerkannten Regeln der Technik können ungeschrieben sein, sie können aber auch in technischen Regelwerken niedergeschrieben sein (BGH, NJW-RR 1995, 472).

2.2.3.5 Technische Regelwerke

Als geschriebene Regeln, die allgemein anerkannte Regeln der Technik wiedergeben können, kommen insbesondere technische Regelwerke in Betracht, wie die DIN-Normen einschließlich der VOB Teil C, die Einheitlichen Technischen Baubestimmungen des Instituts für Bautechnik, die VDI-Richtlinien, die VDE-Normen, die Flachdachrichtlinien etc.

Bevor man den Inhalt eines technischen Regelwerks, insbesondere einer DIN-Norm, als anerkannte Regeln der Technik heranzieht, ist festzustellen, ob die wiedergegebenen technischen Regeln tatsächlich (noch oder schon) wissenschaftlich anerkannt sind und sich bereits in der Praxis bewährt haben, oder ob es nicht bereits andere Bauweisen gibt, die höhere Standards erzielen, ohne im Vergleich unwirtschaftlicher zu sein.

Das „Problem" im Zusammenhang mit den allgemein anerkannten Regeln der Technik und den zuvor genannten technischen Regelwerken ist, dass es eine herrschende Meinung in Rechtsprechung und juristischer Literatur gibt, wonach widerlegbar vermutet wird, dass private technische Regelungen allgemein anerkannte Regeln der Technik wiedergeben. Im Zusammenhang mit der zuvor dargestellten Rechtsprechung des BGH, dass die Einhaltung der allgemein anerkannten Regeln der Technik stillschweigend zugesichert wird, hat diese Vermutung zur Folge, dass bei Abweichen von z. B. einer DIN-Norm zunächst vermutet wird, dass ein Mangel gegeben ist. Das führt zu einer gewissen DIN-Hörigkeit der Gerichte, sodass lieber zu viele Anforderungen erfüllt werden als zu wenige.

Allerdings gab es bereits im Jahr 2015 mehr als 3300 solcher privaten technischen Normen (Bundesministerium für Umwelt, Naturschutz, Bau und Reaktorsicherheit, 2015) – und seither werden noch weitere hinzugekommen sein –, sodass es kaum noch zu überblicken ist, welche Regelungen überhaupt gelten und einzuhalten sind.

Die genannten technischen Regelungen sind allerdings lediglich private technische Regelungen mit Empfehlungscharakter und keine verbindlichen Rechtsnormen, deren Einhaltung mangels Rechtsnormqualität nichts darüber aussagt, ob ein Mangel vorliegt oder nicht (BGH, NJW 1998, 2814). Nur ausnahmsweise haben DIN-Normen Rechtsnormqualität, wenn eine Rechtsvorschrift auf diese Bezug nimmt und die Einhaltung vorschreibt, so wie z. B. die Landesbauordnungen (vgl. BGH, NJW-RR 1990, 1452; BeckOK BauVertrR/Popescu, BGB § 633 Rn. 97).

a) Vermutung, dass DIN-Normen allgemein anerkannte Regeln der Technik sind

Wie bereits angesprochen, wird nach aktuell (s. dazu Steffen, NJW-Spezial 2023, 492) herrschender Meinung vermutet, dass geschriebene technische Regelungen, insbesondere DIN-Normen, die allgemein anerkannten Regeln der Technik wiedergeben.

Dies hat z. B. der für das Grundstücksrecht, Nachbarrecht und Wohnungseigentumsrecht zuständige V. Zivilsenat des BGH (NJW 1991, 2021; s. Geschäftsverteilungsplan des BGH, 2026) für einen Fall im Zusammenhang mit der Aushebung und Sicherung einer Baugrube und nachbarrechtlichen Haftungsansprüchen entschieden:

> „Die DIN-Normen des Deutschen Instituts für Normung e. V. stellen anerkannte Regeln der Technik dar (BGHZ 103, 338 (341 f.) = NJW 1988, 2667 = LM § 823 (Dc) BGB Nr. 165). Werden sie bei der Aushebung und Sicherung von Baugruben nicht eingehalten, insbesondere die für die Standsicherheit und Festigkeit eines Nachbargrundstückes anerkannten und für notwendig gehaltenen Maßnahmen nicht durchgeführt, so spricht wegen der damit verbundenen Gefahrerhöhung eine – widerlegliche – Vermutung dafür, daß im örtlichen und zeitlichen Zusammenhang mit der Aushebung einer Baugrube auf dem Nachbargrundstück entstandene Schäden bei Beachtung der DIN-Normen vermieden worden wären und auf die Verletzung der DIN-Norm zurückzuführen sind (vgl. Marburger, Die Regeln der Technik, 1979, S. 448 ff., insb. 453 f. m. eingehenden Nachw.). Die auf Schadensersatz in Anspruch genommenen Bekl. hätten daher darzulegen und zu beweisen, daß die Schäden nicht auf der Verletzung anerkannter Regeln der Technik beruhen, also auch im Falle der Beachtung entstanden sein würden. In diesem Zusammenhang verbleibende Zweifel würden zu Lasten der Bekl. und nicht des Kl. gehen.“

Auch der VI. Zivilsenat des BGH (NJW 1988, 2667), dessen Zuständigkeit das Recht der unerlaubten Handlung, z. B. Verkehrsunfallsachen, Produkthaftung,

Arzthaftung, ist (Bundesgerichtshof, 2026) hat im Zusammenhang mit Verkehrssicherungspflichten auf öffentlichen Spielplätzen entscheiden:

> „Es begegnet auch keinen Bedenken, daß das BerGer. zur Feststellung von Inhalt und Umfang der die Bekl. treffenden Verkehrssicherungspflichten die im Dezember 1976 erlassene DIN-Norm 7926, Teil 1, mit herangezogen hat, die für ein Spielgerät mit Handlauf und einer Fallhöhe von 1 m bis 2 m als Bodenbeläge nur nicht gebundene Böden nach DIN 18034 wie Naturboden, Rasen oder Sand bzw. Feinkies vorsieht. Auch wenn es sich bei DIN-Normen nicht um mit Drittwirkung versehene Normen i. S. hoheitlicher Rechtsetzung, sondern um auf freiwillige Anwendung ausgerichtete Empfehlungen des „DIN Deutschen Instituts für Normung e. V." handelt (vgl. Senat, NJW 1987, 2222 = VersR 1987, 783 (784)), so spiegeln sie doch den Stand der für die betroffenen Kreise geltenden anerkannten Regeln der Technik wieder und sind somit zur Bestimmung des nach der Verkehrsauffassung zur Sicherheit Gebotenen in besonderer Weise geeignet (vgl. Senat, NJW 1980, 1219 (1221) = VersR 1980, 380 (382) und VersR 1987, 891)."

Der V. Zivilsenat des BGH (NJW 2013, 2271) hat dies im Rahmen einer Auseinandersetzung einer Wohnungseigentümerschaft zu der Frage, welche Sanierung einer ordnungsgemäßen Verwaltung entspricht, noch einmal bestätigt:

> „Da DIN-Normen die Vermutung in sich tragen, dass sie den Stand der allgemein anerkannten Regeln der Technik wiedergeben (vgl. nur Werner/Pastor, Der Bauprozess, 14. Aufl., Rdnr. 1969 m. w. Nachw.), führt dies im rechtlichen Ausgangspunkt dazu, dass solche Sanierungen nur dann ordnungsgemäßer Verwaltung entsprechen, wenn sie DIN-gerecht durchgeführt werden."

Mithin vertritt in der Tat „der BGH" die Ansicht, dass jedenfalls DIN-Normen die Vermutung in sich tragen, dass sie die allgemein anerkannten Regeln der Technik wiedergeben. Allerdings handelt es sich bei den zitierten Urteilen um solche, die weder in baurechtlichen Fällen ergangen noch von dem für das Bau- und Architektenrecht zuständigen VII. Zivilsenat entschieden wurden. Der für das Werkvertragsrecht, Architektenrecht und Zwangsvollstreckungsrecht zuständige VII. Zivilsenat hat in seiner Stellungnahme zum Referentenentwurf „Gebäudetyp E" vielmehr darauf hingewiesen, dass in seiner Rechtsprechung eine solche Vermutungswirkung gerade nicht existiert, da es sich bei DIN-Normen, wie mehrfach entschieden, bloß um private technische Regelungen mit Empfehlungscharakter handelt (BauR 2024, 1725, 1727; s. dazu auch BGH, NJW 1998, 2814). Mithin soll gerade keine widerlegliche Vermutung dafür bestehen, dass private technische Regelwerke die allgemein anerkannten Regeln der Technik wiedergeben (Kniffka/Koeble/Jurgeleit/Sacher/Jurgeleit, 5. Teil Rn. 5; Kniffka/Jurgeleit/Jurgeleit, ibr-online-Kommentar Bauvertragsrecht, § 633 Rn. 39).

Dennoch haben sich mehrere Oberlandesgerichte zugunsten einer solchen Vermutungswirkung ausgesprochen. So hat der für das Bau- und Architektenrecht zuständige 10. Zivilsenat des OLG Stuttgart (BauR 1977, 129) entschieden:

> „Welche allgemeinen Anschauungen gelten, ergibt sich aus den in den entsprechenden Branchen allgemein als gültig anerkannten Regeln der Technik. Hierbei ist von Bedeutung, daß DIN-Normen nicht aus sich heraus die allgemein als gültig anerkannten Regeln der Technik wiedergeben. Vielmehr geht der Begriff der anerkannten Regeln der Technik über die allgemeinen technischen Vorschriften (DIN-Normen) hinaus, indem letztere den ersteren unterzuordnen sind. Es besteht aber eine tatsächliche, jedoch jederzeit widerlegbare Vermutung, daß sie allgemein anerkannte Regeln der Baukunst wiedergeben (vgl die vom Reichsgericht in RGStr 44, 76 unter Einbeziehung der DIN-Normen in der Bautechnik entwickelten allgemeinen Grundsätze und Ingenstau-Korbion, Kommentar zur VOB, 7. Aufl, § 4 VOB Teil B, Rz 69)."

Unter Berufung auf dieses Urteil hat der für Ansprüche aus Werkverträgen zuständige 10. Zivilsenat des OLG Hamm (NJW-RR 1995, 17) entschieden, dass DIN-Normen die tatsächliche, allerdings jederzeit widerlegbare Vermutung für sich haben, die anerkannten Regeln der Bautechnik wiederzugeben. Die Vermutungswirkung hat das OLG Hamm (NZBau 2020, 29) dem Grunde nach noch einmal bestätigt (in dem konkreten Fall aber als widerlegt angesehen, dazu noch unter ➔ b)). Unter Berufung auf das bereits zitierte Urteil des OLG Hamm (NJW-RR 1995, 17) hat der für das Bau- und Architektenrecht zuständige 12. Zivilsenat des OLG Brandenburg (NJW-RR 2009, 1468) diese Rechtsprechung bestätigt.

Und auch das OLG Schleswig (IBR 2000, Heft 7, 364) hat entsprechend entschieden:

> „Daß im Norden im Dachdeckergewerbe teilweise anders gearbeitet werde, kann der Leistung des Klägers nicht den Mangel nehmen; wenn nicht DIN-gerecht hergestellt wird, sind die allgemein anerkannten Regeln der Technik nicht beachtet worden; die DIN-Normen haben die Vermutung für sich, die allgemein anerkannten Regeln der Technik wiederzugeben; wenn nicht nach den allgemein anerkannten Regeln der Technik hergestellt wird, ist das ein Mangel des Gewerks; ein Bauherr kann verlangen, daß nach den allgemein anerkannten Regeln der Technik gearbeitet wird; dann hat er die sichere Gewähr der Ordnungsmäßigkeit und Mängelfreiheit."

Die Auffassung, dass DIN-Normen die widerlegbare Vermutung in sich tragen, allgemein anerkannte Regeln der Technik wiederzugeben, ist auch in der einschlägigen baurechtlichen Literatur wohl herrschend (s. z. B. Werner/Pastor/Manteufel, Rn. 1929; Leinemann/Kues/Steffen, § 633 Rn. 48; Kapellmann/Messerschmidt/Merkens, § 4 Rn. 57; Bolz/Jurgeleit/Karczewski, VOB/B § 4 Rn. 133; vgl.

auch BeckOK VOB/B/Fuchs, VOB/B § 4 Abs. 2 Rn. 6a; Ingenstau/Korbion/Moufang, 23. Aufl. 2026, VOB/B § 4 Abs. 2 Rn. 51).

b) Rechtsfolge und Widerlegung der Vermutung

Konsequenz dieser Rechtsprechung ist, dass wenn eine Planung und/oder Ausführung eines Bauwerks von den Vorgaben einer DIN-Norm abweicht, vermutet wird, dass ein Mangel vorliegt. Die Vermutung kann indes aber auch andersherum wirken: Entspricht eine Planung und/oder Ausführung eines Bauwerks den Vorgaben einer DIN-Norm, wird vermutet, dass das Werk mangelfrei ist.

Dabei ist zu berücksichtigen, dass diese Vermutung nicht absolut gilt, sondern widerlegbar ist. Es handelt sich also um eine Beweislaständerung, nach der derjenige, der eine geschriebene Norm nicht für eine anerkannte Regel der Technik hält, dies darlegen und (sachverständig) beweisen muss. So kann die Vermutungswirkung z. B. widerlegt sein, weil bereits parallel eine verschärfte Regelung entwickelt wurde (OLG Stuttgart, NJW-RR 2023, 1317 zur DIN 4108-3 und einer Dicht-Dicht-Konstruktion bzw. einem Warmdach). Eine Widerlegung kommt auch in Betracht, wenn bereits eine Vielzahl von Schadensfällen aufgetreten ist, obwohl die Regelungen einer bestimmten DIN-Norm eingehalten wurde (OLG Hamm, NZBau 2020, 29 zu DIN 18195-6 bzw. DIN 18533 und einer Außenwandabdichtung mittels Kombinationslösung aus WU-Betonbodenplatte und kunststoffmodifizierter Bitumendickbeschichtung bei dem Wasserlastfall aufstauendes Sickerwasser). Ferner kann die Widerlegung der Vermutung dadurch erfolgen, dass dargelegt wird, dass die fraglichen technischen Regeln der DIN-Norm nicht richtig sind, nicht wissenschaftlich anerkannt sind oder sich (noch) nicht in der Praxis bewährt haben (vgl. Leinemann/Kues/Steffen, BGB § 633 Rn. 42).

c) Begründung der Vermutung

Schaut man sich die zitierten Urteile, die den DIN-Normen eine Vermutungswirkung zusprechen, an, zeigt sich, dass die Annahme der Vermutungswirkung ausnahmslos nicht begründet wird. Daher fragt sich, ob es überhaupt gerechtfertigt ist, insbesondere DIN-Normen diese Vermutungswirkung zuzusprechen, zumal damit erhebliche Rechts- und Haftungsfolgen einhergehen (dazu auch kritisch Joussen, BauR 2022 350, 355 ff.; s. auch Ritter-Höll/Vogel, BauR 2019, 1681, 1684; Motzke, BauR 2020, 169, 180).

Nach Seibel (BauR 2014, 909, 911) liegt der Grund für die Vermutung darin, dass

„technische Regelwerke in den zuständigen Gremien nach einer regelmäßig sehr intensiven Diskussion unter den technischen Fachleuten ausgearbeitet und verabschiedet werden."

Die Grundsätze der Normungsarbeit des Deutschen Instituts für Normung e. V. regelt die DIN 820–1 (Ausgabe: 2022-12) (Deutsches Institut für Normung e. V., 2022). Die fachliche Arbeit erfolgt danach in Ausschüssen, die aus Experten bzw. Fachkundigen aus den interessierten Kreisen bestehen, z. B. Anwender, Behörden, Berufs-, Fach-, und Hochschulen, Handel, Handwerkswirtschaft, gesetzliche Unfallversicherungen, industrielle Hersteller, Prüfinstitute, Sachversicherer, selbständige Sachverständige, Technische Überwacher, Umweltschutzverbände, Verbraucher, Wissenschaft, gesellschaftspolitische Interessensverbände (Abschn. 5.4 der DIN 820-1). Gemäß Abschn. 7.3 der DIN 820-1 müssen die Arbeitsprogramme der Ausschüsse systematisch unter Berücksichtigung der Wirtschaftlichkeit und der Fortentwicklung von Wissenschaft und Technik sowie unter Berücksichtigung der internationalen und europäischen Harmonisierung technischer Regeln festgelegt und überwacht werden und gemäß Abschn. 7.4 der DIN 820-1 muss der Öffentlichkeit die Möglichkeit gegeben werden, sich über die Normungsarbeiten zu informieren. Die vorgesehene Fassung einer Norm muss vor ihrer endgültigen Festlegung der Öffentlichkeit zur Stellungnahme vorgelegt werden, im Allgemeinen durch Veröffentlichung eines Norm-Entwurfes.

Nach Joussen (BauR 2022 350, 356) ist das *„ein weitgehend transparentes Verfahren"*, das *„ggf. tatsächlich allgemein die (widerlegliche) Vermutung rechtfertigen"* kann, dass DIN-Normen allgemein anerkannte Regeln der Technik darstellen.

Auch wenn die Gerichte, die sich auf die Vermutungswirkung von DIN-Normen berufen, ihre Auffassung nicht mit der Erarbeitung dieser Normen begründen, ist es grundsätzlich sinnvoll, technischen Regeln, die von Experten erarbeitet, diskutiert und anerkannt werden, ein gewisses Gewicht beizumessen für die Frage, wann ein Werk mangelfrei ist und wann nicht.

d) **Kritik**

Nach dem Vorstehenden ist zunächst von folgender Rechtslage auszugehen: Ein Mangel liegt vor bei einer negativen Abweichung der Ist- von der Soll-Beschaffenheit. Der Unternehmer schuldet stillschweigend die Einhaltung der anerkannten Regeln der Technik (= Soll-Beschaffenheit). Für den Inhalt einer DIN-Norm wird (widerlegbar) vermutet, dass sie anerkannte Regeln der Technik wiedergeben. Werden die Regelungen der DIN-Norm nicht eingehalten, liegt (widerlegbar) eine Abweichung von den anerkannten Regeln der Technik und damit von der (stillschweigend vereinbarten) Soll-Beschaffenheit vor. Es wäre ein Mangel gegeben, auch wenn sich die Auswirkungen (noch) nicht zeigen und ohne Widerlegung der Vermutung haftet der Unternehmer.

Ob die vorherrschende Vermutungswirkung gerechtfertigt ist, ist allerdings mehr als fraglich. Denn technische Regelwerke können über die allgemein anerkannten Regeln der Technik hinausgehen und z. B. den Stand der Technik wiedergeben, der sich noch nicht in der Praxis bewährt hat. Sie können aber auch hinter den allgemein anerkannten Regeln der Technik zurückbleiben, wenn sie zwar technische Regeln wiedergegeben, diese Regeln aber (noch) nicht wissenschaftlich anerkannt sind und/oder sich (noch) nicht in der Praxis bewährt haben. Technische Regelwerke können auch vormals allgemein anerkannte Regeln der Technik wiedergeben und zwischenzeitlich überholt worden sein, weil sich die allgemein anerkannten Regeln der Technik weiterentwickelt haben, ohne dass das entsprechende technische Regelwerk angepasst wurde.

In diesem Zusammenhang hat der BGH (NJW 2007, 2983) zum Thema Schallschutz wie folgt entschieden:

„Darüber hinaus wäre es verfehlt, in der DIN 4109 formulierte Schallschutzanforderungen, sei es für einen Mindeststandard, sei es für einen erhöhten Schallschutz, unabhängig von den zur Verfügung stehenden Bauweisen als anerkannte Regeln der Technik zu bewerten. […] Die Anforderungen an den Schallschutz unterliegen einer dynamischen Veränderung. Sie orientieren sich einerseits an den aktuellen Bedürfnissen der Menschen nach Ruhe und individueller Abgeschiedenheit in den eigenen Wohnräumen. Andererseits hängen sie von den Möglichkeiten des Baugewerbes und der Bauindustrie ab, unter Berücksichtigung der wirtschaftlichen Interessen beider Vertragsparteien einen möglichst umfangreichen Schallschutz zu gewährleisten. In privaten technischen Regelwerken festgelegte Schalldämm-Maße können nicht als anerkannte Regeln der Technik herangezogen werden, wenn es wirtschaftlich akzeptable, ihrerseits den anerkannten Regeln der Technik entsprechende Bauweisen gibt, die ohne Weiteres höhere Schalldämm-Maße erreichen. Das hat die Kl. für den maßgeblichen Zeitpunkt behauptet. Auch gehen die Entscheidungen anderer Oberlandesgerichte auf Grund sachverständiger Beratung übereinstimmend davon aus, dass bei Einhaltung der anerkannten Regeln der Technik zur Bauausführung bereits im maßgeblichen Zeitraum höhere Schalldämmwerte von jedenfalls 63 dB […] oder 67 dB […] zu erreichen waren.“

Wenn also die Festlegungen einer DIN-Norm wegen geänderter Bedürfnisse oder technischer Fortentwicklung nicht mehr aktuell sind, können sie nicht mehr allgemein anerkannte Regeln der Technik wiedergeben.

Andererseits geht der DIN e. V. selbst nicht davon ausgeht, dass DIN-Normen von vornherein allgemein anerkannte Regeln der Technik wiedergeben. Gemäß Ziffer 8.1 der DIN 820-1 sollen sich die Normen des Deutschen Normenwerkes erst als anerkannte Regeln der Technik etablieren. Nur bei sicherheitstechnischen Festlegungen in DIN-Normen bestehe eine konkrete Vermutung dafür, dass sie fachgerecht, d. h. anerkannte Regeln der Technik sind. Das bedeutet, dass DIN-Normen (zunächst) nur den Stand der Technik wiedergeben und sich erst noch in der Praxis bewähren müssen, um als erkannte Regeln der Technik gelten zu können.

Zudem gibt es Kritik insbeso an dem Normungsverfahren des DIN e. V. Insbesondere wird kritisiert, dass in den Normenausschüssen immer mehr Vertreter finanzstarker interessierter Kreise, namentlich Produzenten bestimmter Bauprodukte, sitzen, die ihre jeweiligen wirtschaftlichen Interessen durchsetzen, anstatt die Interessen des gesamten Bauens (eingehend dazu Ritter-Höll/Vogel, BauR 2019, 1681, 1686 ff.; so auch BeckOK BauVertrR/Popescu, BGB § 633 Rn. 134). Zudem soll das Normungsverfahren an sich gerade nicht transparent sein, da hinter geschlossenen Türen getagt und abgestimmt wird, Regelvorschläge ohne einstimmige Voten verabschiedet werden und Vorschläge teilweise nicht auf fundierten naturwissenschaftlichen Regelwerken beruhen, sondern bloß auf Erfahrungssätzen (so Steffen, NJW-Spezial 2023, 492, 492).

Daher haben z. B. der Arbeitskreis V (Normung) und der Arbeitskreis VI (Sachverständige) beim 10. Baugerichtstag zu dem Thema anerkannte Regeln der Technik und technische Regelwerke Thesen aufgestellt und Empfehlungen herausgearbeitet, denen jeweils überwältigend zugestimmt wurde (Deutscher Baugerichtstag e. V., 2025; Thesenheft, BauR 2025, 18 ff.), wonach das Normungsverfahren tatsächlich transparent zu gestalten und zu dokumentieren sowie öffentlich zugänglich zu machen ist.

Diesen Empfehlungen ist dringend nachzukommen, um die erforderliche Transparenz zu schaffen, wie Normen gesetzt werden. Solange das Normungsverfahren weiterhin intransparent ist und weder der DIN e. V. selbst noch der Gesetzgeber Abhilfe schafft, ist es an den Gerichten, die Vermutungswirkung in Frage zu stellen.

Erste Schritte in diese Richtung gibt es bereits. So hat das OLG Düsseldorf (IBR 2025, 280) die Vermutungswirkung bereits relativiert. Es sei zweifelhaft, ob in allen Fällen eine Vermutung dafür anzuerkennen ist, dass DIN-Normen den Regeln der Technik entsprechen.

Anders, aber ebenfalls in die richtige Richtung geht eine neuere Entscheidung des OLG Brandenburg (IBR 2026, 60), wonach die Vermutung widerlegt sein könne, wenn das Werk weder in seiner Funktion beeinträchtigt ist, noch optische Mängel aufweist. Ebenso hat das OLG Brandenburg (NJW 2024, 839) bereits für einen Verstoß gegen anerkannte Regeln der Technik entschieden, wenn der Verstoß sich nicht nachteilig ausgewirkt hat und Gebrauchsnachteile nicht erkennbar sind.

2.2.4 Abweichen von üblichen Standards und den allgemein anerkannten Regeln der Technik

Möchten die Beteiligten nun kostengünstig und deswegen einfacher und/oder innovativer bauen, muss die Leistung des Unternehmers dafür in der Regel von den üblichen Qualitätsstandards und damit einhergehend auch von den allgemein anerkannten Regeln der Technik nach unten abweichen. Wie bereits dargestellt, differenziert der VII. Zivilsenat des BGH zwischen denjenigen Qualitäts- und Komfortstandards, die auch vergleichbare andere zeitgleich fertiggestellte und abgenommene Bauwerke erfüllen, und den allgemein anerkannten Regeln der Technik als Mindeststandard, die je nach geschuldetem Standard variieren können. Von beidem kann der Unternehmer nach unten abweichen (VII. Zivilsenats des BGH, BauR 2024, 1725, 1726). Im Prinzip ist das möglich, ohne dass der Unternehmer sich dem Vorwurf einer mangelhaften Leistung ausgesetzt sehen muss. Auftraggeber und Auftragnehmer müssen sich dafür auf den niedrigeren Standard einigen. Die Rechtsprechung stellt zum Schutz des Bauherrn aber hohe Anforderungen an eine solche Abweichung nach unten. Aus diesen Anforderungen ergibt sich die – berechtigte – Befürchtung insbesondere von Planern, dass eine Abweichung nach unten kaum rechtssicher zu vereinbaren sei, sodass vorsichtshalber mit den üblichen höheren (und teureren) Standards geplant und gebaut wird, um eine Haftung zu vermeiden. Genau diese Befürchtung haben der Referentenentwurf und das Eckpunktepapier Gebäudetyp E aufgegriffen (dazu noch unter Kap. 4). Dass ein Abweichen von den allgemein anerkannten Regeln der Technik als technischer Mindeststandard nach unten prinzipiell möglich ist, zeigen auch die bereits umgesetzten Initiativen zum einfacheren Bauen (dazu noch unter Kap. 5). Bis also das Bauvertragsrecht ggf. geändert wird, können engagierte Auftraggeber oder Auftragnehmer eigene innovative Projekte in Angriff nehmen. Dafür wird im Folgenden die Rechtsprechung zu den Anforderungen einer Abweichung nach unten näher beleuchtet.

Erforderlich ist eine rechtsgeschäftliche Risikoübernahme, eine besondere Absprache zwischen Besteller und Unternehmer (BGH, NJW 1984, 2457).

Hinsichtlich des Schallschutzes hat der BGH (NJW 2007, 2983) darauf abgestellt, dass

> „die im Vertrag zum Ausdruck gebrachten Vorstellungen von der Qualität des Schallschutzes, also der Beeinträchtigung durch Geräusche"

maßgeblich sind.

„Der Besteller hat insoweit in aller Regel keine Vorstellungen, die sich in Schalldämm-Maßen nach der DIN 4109 ausdrücken, sondern darüber, in welchem Maße er Geräuschbelästigungen ausgesetzt ist, inwieweit er also Gespräche, Musik oder sonstige Geräusche aus anderen Wohnungen oder Doppelhaushälften hören oder verstehen kann."

Der Besteller wird allenfalls eine Vorstellung darüber haben,

„in welchem Maße er Geräuschbelästigungen ausgesetzt ist oder in Ruhe wohnen kann bzw. sein eigenes Verhalten nicht einschränken muss, um Vertraulichkeit zu wahren." (BGH, NJW 2009, 2439)

Der Verweis auf eine *„Schalldämmung nach DIN 4109"* genügt ebenso wenig, wie die schlichte Frage danach, ob Schallschutzfenster gewünscht sind (OLG Saarbrücken, NJW-RR 2021, 149).

Wenn also beispielsweise hinsichtlich des Schallschutzstandards, den auch vergleichbare andere zeitgleich fertiggestellte und abgenommene Bauwerke erfüllen, nach unten abgewichen werden soll, reicht sowohl für die Beschreibung des üblichen Standards als auch die Beschreibung des gewollten niedrigeren Standards weder die Bezeichnung einer bestimmten DIN-Norm noch der Verweis auf Schalldämm-Maße oder abstrakte Dezibelwerte. Vielmehr muss der Unternehmer die Vorstellungen des Bestellers über Geräuschbelästigungen aufgreifen und darüber aufklären, welche Geräuschbelästigung bei dem üblichen Standard eintritt und welche bei einem niedrigeren Standard. Anders ausgedrückt: Inwiefern hört man also Gespräche, Musik oder sonstige Geräusche aus anderen Wohneinheiten bei dem üblichen Standard im Vergleich zu dem niedrigeren Standard? Inwiefern kann der Besteller selbst Gespräche führen oder Musik hören, ohne Nachbarn zu belästigen?

Auch der bloße Hinweis in der Baubeschreibung eines Reihenhauses, *„die Haustrennwände würden aus „Kalksandstein d = 30 cm einschalig"* ausgeführt werden, anstatt aus zweischaligen Trennwänden, wie es den anerkannten Regeln der Technik entsprochen hätte, genügt nicht für eine rechtswirksame Vereinbarung nach unten (BGH, NJW 2013, 684). Denn daraus erschloss sich laut dem BGH

„für die Erwerber nicht, dass die ihnen verkauften Reihenhäuser nicht diejenigen Qualitäts- und Komfortstandards aufwiesen, die auch vergleichbare andere, zeitgleich fertiggestellte Reihenhäuser erfüllten. Für eine abweichende Vereinbarung reicht der Hinweis auf die einschalige Haustrennwand in der Baubeschreibung nicht aus (vgl. BGHZ 181, 225 [230] = NJW 2009, 2439 = DS 2009, 275 = NZBau 2009, 648 = NZM 2009, 590). Ein Erwerber kann daraus mangels Fachkunde nicht ersehen, dass wegen dieser Bauausführung ein den allgemein anerkannten Regeln der Technik entsprechender Schallschutz nicht erreicht wird."

Fallbeispiel 3

Entsprechendes hat der BGH (NJW 2013, 1226) für zu dünne Treppenwangen entschieden. Obwohl die Parteien explizit eine Wangenstärke von bloß 40 mm vertraglich vereinbart hatten, die nicht den allgemein anerkannten Regeln der Technik entsprach, folgte daraus nicht, dass von dem üblicherweise zu erwartenden Mindeststandard abgewichen werden sollte. Auf diese Bedeutung wurde nicht ausdrücklich hingewiesen und der Besteller wusste dies auch nicht aus anderen Gründen, etwa einer entsprechenden Fachkunde.

Der Unternehmer sollte also zunächst darauf hinweisen, welcher Standard üblich ist und inwiefern von diesem abgewichen wird, um dem Besteller vor Augen zu führen, dass die gewollte Ausführung einem niedrigeren als dem üblichen Standard entspricht. Der Besteller muss wissen, wie die Ausführung ohne abweichende Vereinbarung nach unten erfolgen müsste und wie sie abweichend davon tatsächlich erfolgt. Nur so kann er sich ein Bild darüber machen, ob er die (bestenfalls kostengünstigere) Ausführung tatsächlich umgesetzt haben möchte.

Der Besteller ist über die Ungeeignetheit und die daraus erwachsenden Nachteile aufzuklären (OLG Brandenburg, NJW 2024, 839). Der Besteller muss die Abweichung verstehen, sodass sie ihm verständlich gemacht werden muss, wenn er nicht über entsprechende Fachkunde verfügt (vgl. BGH, NJW 2018, 391).

Man kann sich auch an der Rechtsprechung zu risikohaften und ggf. nicht genehmigungsfähigen Planungen orientieren (vgl. BeckOK BauR/Popescu, § 633 Rn. 129).

Fallbeispiel 4

So hat etwa der BGH (NJW 2013, 3442) zu einem standortbezogenen Risiko für den Bestand eines Objekts darauf hingewiesen, dass die Erörterung darüber sowie die Beratung über Handlungsmöglichkeiten nur dann entbehrlich ist, wenn der Auftraggeber erkennbar mit den möglichen Auswirkungen der Gefahrenlage in zuverlässiger Weise hinreichend vertraut ist und das Risiko auch bei einer Belehrung auf sich nehmen würde.

Fallbeispiel 5

Hinsichtlich der ausnahmsweise möglichen Übernahme des Risikos einer unter Umständen nicht genehmigungsfähigen Planung durch den Besteller hat das OLG Celle (NJW 2024, 2542) darauf hingewiesen, dass es einer eingehenden und umfassenden Beratung über das Risiko und einer entsprechenden Vereinbarung bedarf. Die bloße Kenntnis des Risikos reicht für die Annahme einer Risikoübernahme nicht.

Bezieht man das auf die Abweichung von üblichen Standards oder den allgemein anerkannten Regeln der Technik, muss der Besteller also nicht nur darüber aufgeklärt werden, inwiefern abgewichen wird. Vielmehr ist eine vollständige Aufklärung über die damit verbundenen Risiken erforderlich, sodass er die vollständige Tragweite einer solchen Abweichung nach unten erkennen kann.

Aus dem Vorstehenden ergibt sich also, dass ein Abweichen nach unten nicht per se unmöglich ist, aber auch einer besonderen Aufklärung des Bestellers bedarf. Eine Universalanleitung dafür gibt es nicht. Vielmehr ist in jedem Einzelfall konkret zu prüfen, inwiefern wovon abgewichen werden soll und welche Anforderungen insoweit an die Aufklärung und Vereinbarung zu stellen sind.

Zudem bleibt – bislang – immer das Risiko, dass eine erfolgte Aufklärung nicht den Anforderungen eines Gerichts genügt. Wegen der dargestellten hohen Anforderungen wird davon ausgegangen, dass eine solche Abweichung wegen der unüberschaubaren Vielzahl von zu beachtenden allgemein anerkannten Regeln der Technik wohl kaum rechtssicher darstellbar sei (Popescu, BauR 2024, 1585, 1589; Leupertz, BauR 2025, 365, 378). Insbesondere der Planer muss zur Erfüllung der Aufklärungspflicht alle in Betracht kommenden allgemein anerkannten Regeln der Technik, von welchen abgewichen werden soll, benennen, was faktisch nicht erfüllbar sei (Popescu, BauR, 2024, 1585, 1589). Je umfassender eine Abweichung sein sollte, desto zutreffender ist das. Dem könnte man nach dem aktuell geltenden Recht allenfalls damit begegnen, dass nur in gewissen, überschaubaren Bereichen von den allgemein anerkannten Regeln der Technik abgewichen wird – sofern sich das kosten- und/oder innovationstechnisch rechnet.

Für den Planer besonders bedeutsam ist, dass Verstöße gegen technische Standards zu erheblichen Versicherungslücken führen können. Denn die Berufshaftpflichtversicherungen für Architekten und Ingenieure enthalten typischerweise Klauseln, die den Versicherungsschutz für Schäden ausschließen, die auf einem Verstoß gegen anerkannte Regeln der Technik beruhen. So sehen die Allgemeinen Versicherungsbedingungen für die Betrieb- und Berufshaftpflichtversicherung (AVB BHV) vor, dass Schäden durch bewusst gesetz-, vorschrifts- oder sonst pflichtwidriges Verhalten nicht versichert sind (vgl. dazu auch OLG Hamm, BauR 2007, 1290). Vor Planung eines innovativen Projekts sollte der Planer daher mit seinem Versicherer klären, unter welchen Voraussetzungen dennoch Versicherungsschutz bestehen würde.

In jedem Fall zu berücksichtigen ist, dass die Funktion des Bauwerks trotz eines Abweichens nach unten erhalten bleiben muss (s. funktionaler Mangelbegriff).

Daher ist fraglich, ob man die tatsächlich erforderlichen Mindeststandards für Standsicherheit, Brandschutz, energetische Eigenschaften, Feuchteschutz überhaupt unterschreiten kann, ohne die Funktion zu gefährden (vgl. Zöller, BauR 2024, 443).

Zudem ist es besonders wichtig, die Aufklärung und die Zustimmung des Bestellers dazu nachweisbar festzuhalten, etwa in Entscheidungsvorlagen, die der Besteller unterzeichnet oder bestätigt und die Vertragsbestandteil werden. Denn die Beweislast für eine von den allgemein anerkannten Regeln der Technik abweichende Vereinbarung liegt beim Auftragnehmer (vgl. OLG Hamm, NJW-RR 1995, 17). Der Auftragnehmer muss also darlegen und im Bestreitensfalle beweisen, dass er sich mit dem Auftraggeber auf eine von den allgemein anerkannten Regeln der Technik abweichende Ausführung geeinigt hat. Dafür sind schriftliche oder textförmliche Hinweise und der Nachweis deren Akzeptanz durch den Auftraggeber, z. B. durch Unterschrift oder zustimmender E-Mail, unerlässlich.

Nach dem Vorgesagten dürfte man auch in Anknüpfung an das bereits angeführte Fallbeispiel 2 nach Leupertz (BauR 2025, 365, 366) die Kellerabdichtung mit einer schwarzen Wanne vereinbaren können, obwohl eine nur eine weiße Wanne den allgemein anerkannten Regeln der Technik entspricht, wenn der Verwendungszeck „trockener Keller" (zunächst) sichergestellt ist. Der Unternehmer muss den Besteller umfassend und eingehend über die damit einhergehenden Risiken aufklären, insbesondere mit dem Hinweis, dass die schwarze Wanne bei dem vorhandenen Wasserlastfall nicht erprobt und es nicht sichergestellt ist, dass der Keller über die Lebensdauer des Bauwerks, mithin 50 bis 60 Jahre, tatsächlich trocken bleibt. Wenn sich der Besteller damit aber ausdrücklich einverstanden erklärt, wird man nur schwerlich sagen können, dass stillschweigend etwas anderes (hier: eine weiße Wanne) versprochen wurde.

Haftungspotenzial in der Leistungskette 3

Die dargestellte Problematik zu den geschuldeten üblichen Standards, den allgemein anerkannten Regeln der Technik und dem Abweichen nach unten ist nicht spezifisch baurechtlich. Zwar wird es gerade im privaten Bereich häufig so sein, dass der Bauherr das Objekt für die eigene Nutzung errichten lässt. Gerade im relevanten Wohnungsbau wird aber auch häufig der Fall anzutreffen sein, dass das errichtete Bauwerk bzw. die darin enthaltenen Wohnungen veräußert und/oder vermietet werden. Wenn nun aber das Bauwerk nicht den üblichen baurechtlichen Standards entspricht, weil es günstiger oder innovativer gebaut wurde, hat das zugleich Einfluss auf die Verträge in der Leistungskette. Diese Auswirkungen sollen im Folgenden überblicksartig dargestellt werden.

3.1 Kaufvertrag

Gemäß § 433 Abs. 1 BGB wird der Verkäufer einer Sache durch den Kaufvertrag verpflichtet, dem Käufer die Sache zu übergeben und das Eigentum an der Sache zu verschaffen. Der Verkäufer hat dem Käufer die Sache frei von Sach- und Rechtsmängeln zu verschaffen.

Der Sachmangel ist in § 434 BGB geregelt. Da § 633 BGB dem angeglichen wurde, kommt es für den Sachmangel ebenfalls darauf an, dass die Kaufsache u. a. die vereinbarte Beschaffenheit hat und sich für die nach dem Vertrag vorausgesetzte Verwendung eignet (die sog. subjektiven Anforderungen). Zu der Beschaffenheit gehören Art, Menge, Qualität, Funktionalität, Kompatibilität, Interoperabilität und sonstige Merkmale der Sache, für die die Parteien Anforderungen

Y. Linnemann, *Einfach(es) Bauen: Zivilrechtliche Grundlagen und Beispiele aus der Praxis*, essentials, https://doi.org/10.1007/978-3-658-51282-8_3

vereinbart haben. Soweit nicht wirksam etwas anderes vereinbart wurde, entspricht die Sache den sog. objektiven Anforderungen gemäß § 433 Abs. 3 BGB, wenn sie sich für die gewöhnliche Verwendung eignet, eine Beschaffenheit aufweist, die bei Sachen derselben Art üblich ist und die der Käufer erwarten kann unter Berücksichtigung der Art der Sache und der öffentlichen Äußerungen, die von dem Verkäufer oder einem anderen Glied der Vertragskette oder in deren Auftrag, insbesondere in der Werbung oder auf dem Etikett, abgegeben wurden.

In erster Linie kommt es also auch im Kaufrecht darauf an, welche Beschaffenheit der Kaufsache die Parteien vereinbart haben und welche Verwendung der Vertrag voraussetzt. Werden Gebäude zum Wohnen veräußert, stellt z. B. eine fehlende Baugenehmigung regelmäßig einen Sachmangel des veräußerten Wohnungseigentums dar, weil die Baubehörde die Nutzung der Wohnung jedenfalls bis zur Erteilung der erforderlichen Genehmigung untersagen kann und damit der vertragliche vorausgesetzte Zweck nicht erfüllt werden kann (BGH, NJW 2013, 2182).

Zudem können die Parteien natürlich vereinbaren, welche Qualitäts- oder Komfortstandards erfüllt sein müssen. Treffen die Parteien aber (allgemein oder punktuell) keine Beschaffenheitsvereinbarung, kommt es auf die Eignung für die gewöhnliche Verwendung sowie eine Beschaffenheit, die bei Sachen derselben Art üblich ist und die der Käufer erwarten kann, an. Die gewöhnliche Verwendung richtet sich nach der Verkehrsanschauung, wobei der Erwartungshorizont eines vernünftigen Durchschnittskäufers zum Zeitpunkt des Vertragsschlusses maßgeblich ist (BeckOK BGB/Faust, § 434 Rn. 75 m. w. N.). Die Kaufsache ist mit anderen Sachen der gleichen Art zu vergleichen, um die gewöhnliche Verwendung, also das, was man damit machen kann, feststellen zu können.

Auch die übliche und vom Verkäufer geschuldete Beschaffenheit wird durch einen Vergleich mit Sachen der gleichen Art ermittelt. Es ist z. B. ein üblicher Stand der Technik maßgeblich, wenn es diesen für bestimmte Beschaffenheitsmerkmale gibt (MüKoBGB/Maultzsch, § 434 Rn. 56). Bezieht man dies z. B. auf Eigentumswohnungen, wird der vernünftige Durchschnittskäufer davon ausgehen dürfen, dass die Beschaffenheit üblich ist, die andere, gleichwertige und gleichzeitig hergestellte Wohnungen aufweisen.

Mithin wird man eine Parallele zu der dargestellten baurechtlichen Situation in dem Sinne ziehen können, dass die Einhaltung der üblichen Qualitäts- und Komfortstandards und auch die der allgemein anerkannten Regeln der Technik zu der üblichen und zu erwartenden Beschaffenheit eines Wohngebäudes gehören (vgl. LG Köln, IBRRS 2023, 2844). Bleibt man dahinter zurück, liegt – ohne entsprechende Beschaffenheitsvereinbarung nach unten – ein Sachmangel vor.

Wenn von den genannten objektiven Anforderungen abgewichen wird, weil z. B. aufgrund einer innovativen Bauweise nicht diejenige Beschaffenheit vorliegt, die bei Sachen derselben Art üblich ist und die der Käufer erwarten kann, liegt eine sogenannte negative Beschaffenheitsvereinbarung vor. Ähnlich zu der Abweichung nach unten im Baurecht sind auch daran – gerade im Verbraucherbereich – hohe Anforderungen zu stellen.

So hat das OLG Köln (NJW-RR 2025, 821) entschieden:

> „Soll zulasten des Verbrauchers von den objektiven Anforderungen durch eine Beschaffenheitsvereinbarung abgewichen werden (negative Beschaffenheitsvereinbarung), muss er vor Vertragsschluss von der konkreten Abweichung eigens in Kenntnis gesetzt werden und dieser gesondert zustimmen. Die negative Beschaffenheitsvereinbarung unterliegt somit verschärften formellen Anforderungen. Ferner kann sich der Unternehmer-Verkäufer nicht auf eine vor Mitteilung eines Mangels getroffene Vereinbarung zur Haftungsbeschränkung berufen, § 476 I 1 BGB. Daher ist die Haftungsbeschränkung von der negativen Beschaffenheitsvereinbarung abzugrenzen (Reinking/Eggert Autokauf, 15. Aufl. 2024, Kap. 27 Rn. 2 u. 25).“

Das entspricht im Kern den Voraussetzungen, die auch im Baurecht an eine Abweichung nach unten zu stellen sind (s. o.). Wenn also der Besteller und spätere Verkäufer ein kostengünstiges oder innovatives Bauwerk errichten lässt, dass von den üblichen Standards und/oder den allgemein anerkannten Regeln abweicht, wird er, wie dargestellt, vom Planer und ausführendem Unternehmen über die Abweichung und Risiken aufgeklärt werden. Im Zweifel hat der Besteller sodann in seiner Rolle als Verkäufer dieselbe Aufklärung gegenüber dem Käufer vorzunehmen und die vorhandenen Abweichungen als (negative) Beschaffenheitsvereinbarung zu vereinbaren, um eine Sachmangelhaftung wegen Abweichungen von der üblichen Beschaffenheit zu vermeiden.

3.2 Mietvertrag

Gemäß § 535 Abs. 1 S. 1 und 2 BGB wird der Vermieter durch den Mietvertrag verpflichtet, dem Mieter den Gebrauch der Mietsache während der Mietzeit zu gewähren. Der Vermieter hat die Mietsache dem Mieter in einem zum vertragsgemäßen Gebrauch geeigneten Zustand zu überlassen und sie während der Mietzeit in diesem Zustand zu erhalten.

Gemäß § 536 Abs. 1 BGB gilt: Hat die Mietsache zur Zeit der Überlassung an den Mieter einen Mangel, der ihre Tauglichkeit zum vertragsgemäßen Gebrauch aufhebt, oder entsteht während der Mietzeit ein solcher Mangel, so ist der Mieter für die Zeit, in der die Tauglichkeit aufgehoben ist, von der Entrichtung der Miete befreit. Für die Zeit, während der die Tauglichkeit gemindert ist, hat er nur eine angemessen herabgesetzte Miete zu entrichten. Eine unerhebliche Minderung der Tauglichkeit bleibt außer Betracht.

Ein Mangel ist eine für den Mieter nachteilige Abweichung des tatsächlichen Zustands der Mietsache vom vertraglich vorausgesetzten Zustand. Auch im Mietrecht sind daher in erster Linie die Vereinbarungen der Parteien maßgeblich (BGH, NJW 2009, 2441; BGH, NJW 2005, 218). Allerdings treffen die Parteien eines Mietverhältnisses häufig (allgemein oder punktuell) keine entsprechende Zustandsvereinbarung, insbesondere, wenn der Miete gewisse Umstände gar nicht prüfen kann, wie z. B. den baulichen Zustand von Wänden oder Decken oder die Trittschalldämmung (BeckOK BGB/Zehelein, § 535 Rn. 350).

Dann schuldet der Vermieter nach dem BGH (NJW 2019, 507) einen Zustand, der bei vergleichbaren Wohnungen üblich ist:

> „Soweit Parteiabreden zur Beschaffenheit der Mietsache fehlen, wird der in § 535 I 2 BGB gesetzlich vorgesehene „zum vertragsgemäßen Gebrauch geeignete Zustand" durch den vereinbarten Nutzungszweck, hier die Nutzung als Wohnung, bestimmt. Der Mieter einer Wohnung kann nach der allgemeinen Verkehrsanschauung erwarten, dass die von ihm angemieteten Räume einen Wohnstandard aufweisen, der bei vergleichbaren Wohnungen üblich ist. Dabei sind insbesondere das Alter, die Ausstattung und die Art des Gebäudes, aber auch die Höhe der Miete und eine eventuelle Ortssitte zu berücksichtigen (Senat, NZM 2004, 736 = NJW 2004, 3174 [unter II A 1 b bb]; NZM 2009, 855 = NJW 2010, 1133 Rn. 11; NZM 2010, 618 = NJW 2010, 3088 Rn. 13).
>
> Gibt es zu bestimmten Anforderungen technische Normen, ist jedenfalls deren Einhaltung geschuldet. Dabei ist nach der Verkehrsanschauung grundsätzlich der bei Errichtung des Gebäudes geltende Maßstab anzulegen (BGH, NZM 2005, 60 = NJW 2005, 218; NZM 2009, 580 = NJW 2009, 2441 Rn. 10; NZM 2009, 855 = NJW 2010, 1133 Rn. 11; NZM 2010, 618 = NJW 2010, 3088 Rn. 13; NZM 2012, 611 = NJW 2012, 2725 Rn. 10; NZM 2013, 575 = NJW 2013, 2417 Rn. 15; NZM 2014, 163 = NJW 2014, 685 Rn. 20; NZM 2017, 256 = NJW 2017, 1877 Rn. 15)."

Dabei gelten die (baurechtlichen) Standards bei Errichtung des Mietobjekts nicht unmittelbar, aber mittelbar zur Konkretisierung des (durch Auslegung zu ermittelnden) Parteiwillens (Schmidt-Futterer/Streyl, BGB § 536 Rn. 67).

Nach dem BGH (NJW 2005, 218; NJW 1998, 2814) sollen hinsichtlich des zwischen Wohnungen erforderlichen Trittschallschutzes auch die zum Zeitpunkt des Ausbaus geltenden DIN-Normen, die den jeweiligen technischen Mindeststandard wiedergeben, als Vertragsinhalt anzusehen sein. Gibt es zu bestimmten Anforderungen an den Wohnstandard technische Normen, so ist (jedenfalls) deren Einhaltung vom Vermieter geschuldet. Allerdings ist es nicht maßgeblich, ob zum Zeitpunkt der Errichtung des Gebäudes ein im Verhältnis zur DIN 4109 erhöhter Schallschutz aus baulicher Sicht zu erwarten gewesen wäre und technisch ohne

Weiteres hätte verwirklicht werden können. Die dahingehende Rechtsprechung zum Bauvertragsrecht ist auf das Wohnraummietrecht nicht übertragbar (BGH, NZBau 2010, 701).

Das heißt einerseits, bliebe ein Bauwerk hinter den allgemein anerkannten Regeln der Technik zurück, die ihrerseits über Vorgaben einer DIN-Norm hinausgehen, und läge daher ein Baumangel vor, bedeutete das nicht zwingend auch einen Mangel im mietrechtlichen Sinn.

Allerdings sind andererseits die Standards geschuldet, die bei vergleichbaren und zur gleichen Zeit errichteten Wohngebäuden üblich und zu erwarten sind. Wenn also bei bestimmten Wohngebäuden ein hoher (Komfort-) Standard üblich ist, kann der Mieter (ohne abweichende Vereinbarung im Mietvertrag, dazu sogleich) erwarten, dass sein Mietobjekt diesen Standards ebenfalls entspricht. Entspricht es diesen Standards nicht, liegt ein Mangel vor, der zur Mietminderung führen kann.

Tritt der Mietmangel noch in der Gewährleistungsfrist auf und beruht er auf einem Ausführungsmangel und/oder Planungs- bzw. Überwachungsfehler (s. o.), handelt es sich um einen (Bau-) Mangelfolgeschaden, den der Bauherr grundsätzlich an den oder die Auftragnehmer durchreichen kann.

Aber auch im Mietvertrag kann man von dem grundsätzlich geschuldeten Mindeststandard abweichen, wenn dies eindeutig vereinbart ist und der Mieter sich mit damit einverstanden erklärt hat (BGH, NJW 2004, 3174; NZM 2010, 356). Allerdings sind auch im Mietrecht an negative Beschaffenheitsvereinbarungen besondere Anforderungen hinsichtlich Transparenz und Eindeutigkeit zu stellen (Schmidt-Futterer/Streyl, BGB § 536 Rn. 63). Dabei ist gerade bei Wohnraummietverhältnissen § 536 Abs. 4 BGB zu berücksichtigen, wonach zum Nachteil des Mieters abweichende Vereinbarungen der Minderungsrechte unzulässig sind. Auch hier liegt es im Kern ähnlich, wie im Bau- und Kaufrecht. Die einmal erfolgte Aufklärung über Abweichungen vom Üblichen und deren Risiken dürfte sich auch in der Leitungskette bis zum Mieter „durchreichen" lassen.

Gemeinsame Eckpunkte Gebäudetyp E 4

4.1 Darstellung

Nachdem der Referentenentwurf Gebäudetyp E nahezu einhellig kritisiert wurde (s. VII. Zivilsenats des BGH, BauR 2014, 1725; Glöckner/Manteufel/Rehbein PrivBauR-HdB/Rehbein, § 15. Rn. 106a; Baureis/Dressel, IBR 2024, 2734; Leupertz, BauR 2025, 365; Schettler, NZBau 2024, 587) haben das Bundesministerium der Justiz und für Verbraucherschutz und das Bundesministerium für Wohnen, Stadtentwicklung und Bauwesen im November 2025 ein gemeinsames Eckpunktepapier zum Gebäudetyp E veröffentlicht (Bundesministerium der Justiz und für Verbraucherschutz und Bundesministerium für Wohnen, Stadtentwicklung und Bauwesen, 2025).

Das Eckpunktepapier beschreibt zunächst die tatsächliche und rechtliche ausgangssituation, vor allem die von Baubranche und Bauherrenvereinigungen beklagte Kostenintensität des Bauens aufgrund immer höherer Baustandards, die einem einfachen und innovativen Bauen entgegenstünden. Der Gebäudetyp E soll daher das einfache, innovative und kostengünstige Bauen erleichtern, indem er mehr Freiheit der Planung und des Bauens von den allgemein anerkannten Regeln der Technik und den üblichen Baustandards bieten soll.

Das BMJV und das BMWSB wollen im Bereich des Zivilrechts unterstützend zur Erleichterung des Gebäudetyps E und flankierend zu den bereits erfolgten Reformen des Bauordnungsrechts Erleichterungen für den Gebäudebau schaffen. Dafür schlagen sie im Wesentlichen Folgendes vor:

© Der/die Autor(en), exklusiv lizenziert an Springer Fachmedien Wiesbaden GmbH, ein Teil von Springer Nature 2026
Y. Linnemann, *Einfach(es) Bauen: Zivilrechtliche Grundlagen und Beispiele aus der Praxis*, essentials,
https://doi.org/10.1007/978-3-658-51282-8_4

- Es soll die Möglichkeit eröffnet werden, einen geeigneten Vertrag für einen Gebäudetyp E abzuschließen, der ermöglichen soll, rechtssicher einfachere Baustandards zu vereinbaren. Dafür soll an die technischen Baustimmungen der Länder angeknüpft werden, sodass eine Abweichung von den anerkannten Regeln der Technik nicht mehr stets zu einem Mangel führt.
- Es sollen gesetzliche Regelungen zu einem neuen Gebäudetyp E geschaffen werden.
- Die Parteien können den Gebäudetyp E-Vertrag ausdrücklich vereinbaren. Tun Sie es nicht, bleibt es bei der bisherigen Rechtslage.
- Bei einem Gebäudetyp E-Vertrag wird lediglich ein „einfacher Standard" geschuldet.
  - Danach soll der Auftragnehmer für die Bereiche, die durch die jeweils anwendbaren technischen Baubestimmungen der Länder geregelt werden, als Mindeststandard nur die Einhaltung derjenigen anerkannten Regeln der Technik schulden, die in diesen technischen Baubestimmungen enthalten sind.
  - Abweichungen von den technischen Baubestimmungen sollen dann nicht stets zu einem Mangel führen. Abweichungen sollen dann möglich sein, wenn sie als gleichwertige Lösung nach Maßgabe der jeweiligen Landesbauordnung zugelassen sind. Soweit die technischen Baustimmungen anerkannte Regeln der Technik abbilden, stelle dann eine Abweichung davon keinen Mangel dar.
  - Hinsichtlich der nicht in den technischen Baubestimmungen geregelten Inhalte von Planungen und Ausführungen, etwa bestimmte Qualitäts- und Komfortstandards, soll der Auftragnehmer nur einen einfachen Standard schulden, also einen Standard, mit dem beim kostenreduzierten und einfachen Bauen vom „üblichen Standard" nach unten abgewichen wird, und bei dem bestimmte Ausstattungs- und Komfortmerkmale reduziert sind, wobei die zeitgemäße Gebrauchstauglichkeit sichergestellt bleibe. In diesem Fall habe der Auftragnehmer nur die auf diesen einfachen Standards bezogenen anerkannten Regeln der Technik einzuhalten.

- Der Auftragnehmer soll von den anerkannten Regeln der Technik abweichen können, wenn mit der Abweichung keine Risiken der Minderung der dauerhaften Gebrauchstauglichkeit verbunden sind (Gleichwertigkeit).
- Der Auftragnehmer hat den Auftraggeber über die Bedeutung des Gebäudetyp E-Vertrags aufzuklären, insbesondere, dass nur ein einfacher Standard geschuldet wird. Gegenüber Unternehmern genügt eine allgemeine Aufklärung,

gegenüber Verbrauchern muss in Textform auch über die Konsequenzen und Risiken einer Bauausführung nach dem Gebäudetyp E umfassten.

- Die Kostenreduktion ist allgemein darzulegen (überschlägiger Schätzwert).
- Bei sich anschließenden Kauf- und Mietverträgen ist der Vertragspartner darüber zu informieren, dass das Bauwerk lediglich mit dem Mindeststandard der technischen Baubestimmungen der Länder bzw. einem einfachen Standard gebaut wurde.
- Es soll klargestellt werden, dass DIN-Normen keine Rechtsnormen sind, sondern private technische Regelungen mit Empfehlungscharakter, die nicht anerkannte Regeln der Technik darstellen müssen, und der Gesetzgeber davon ausgehe, dass technischen Regelwerken per se keine Vermutungswirkung zukomme, anerkannte Regeln der Technik zu sein. Es müsse im Einzelfall festgestellt werden, ob das technische Regelwerk die anerkannten Regeln der Technik wiedergibt.

4.2   Einordnung und Kritik

Das Eckpunktepapier sieht im Wesentlichen neue gesetzliche Regelungen und einen neuen (weiteren) Vertragstypus im Werkvertragsrecht neben dem Bauvertrag, dem Verbraucherbauvertrag, dem Architekten- und Ingenieurvertrag und dem Bauträgervertrag vor. Das widerspricht der konzeptionellen Grundidee des BGB, möglichst abstrakte Regelungen zur Verfügung zu stellen, die für eine Vielzahl von möglichen Ausgestaltungen und Lebenssachverhalten anwendbar sind. Ob ein neuer Vertragstypus mit neuen Regelungen, die von Praxis und Rechtsprechung erst mit Leben gefüllt werden müssen, zur Rechtssicherheit und Einfachheit führt, ist daher fraglich.

Dies gilt umso mehr, als dass die Vorschläge des Eckpunktepapier keine neue Rechtslage schaffen, sondern im Wesentlichen die bisherige Rechtslage wiedergeben. So ist ein Rückgriff auf die technischen Baubestimmungen der Länder bereits jetzt schon vertraglich möglich. Auch die vorgesehene Aufklärung über die Bedeutung des Gebäudetyp E-Vertrags, insbesondere, dass nur ein einfacher Standard geschuldet wird, sowie über die Konsequenzen und Risiken einer Bauausführung nach dem Gebäudetyp E und auch bei sich anschließenden Kauf- und Mietverträgen ist bereits jetzt erforderlich, aber auch möglich. Eine Erleichterung ist Stand jetzt nicht ersichtlich. Vielmehr ist fraglich, ob die bloße Information über den niedrigeren Stand gegenüber Käufern und Mietern ausreicht.

Sinnvoll ist die Klarstellung zu DIN-Normen und der nicht gegebenen Vermutungswirkung. Angesichts der Stellungnahme des VII. Zivilsenats des BGH und der vorhandenen Kritik an der bisherigen Rechtsprechung ist es allerdings nicht erforderlich, dies gesetzlich zu regeln.

Dass das Eckpunktepapier die am Referentenentwurf geübte Kritik aufgegriffen hat, ist zu begrüßen. Allerdings fragt sich, ob es für die vorgeschlagenen Änderungen wirklich eines neuen Vertragstypus im BGB bedarf oder ob die Vorschläge nicht auch bereits im Rahmen des geltenden Rechts mit entsprechenden vertraglichen Regeln erreicht werden können. Insbesondere ist eine Erleichterung der – Stand jetzt als zu hoch empfundenen – Aufklärungspflichten nicht erkennbar. Hilfreich – und ggf. ausreichend – wären vielmehr Hilfestellungen zur Aufklärung bzw. zur Abfassung einer Beschaffenheitsvereinbarung sowie eine Vorgabe für die Normgebungsverfahren derjenigen Institute, die technische Regelwerke erstellen.

Pilotprojekte zum vereinfachten Bauen 5

Die nachfolgenden Maßnahmen stammen aus Bayern, Hamburg und Schleswig-Holstein und basieren auf bereits umgesetzten oder erprobten Ansätzen zur Vereinfachung von Planungs-, Genehmigungs- und Bauprozessen. Sie zeigen, dass ein spürbarer Bürokratieabbau im Bauwesen bereits heute möglich ist, ohne die grundlegenden Anforderungen an Sicherheit, Qualität und Funktionalität von Gebäuden aufzugeben. Damit stellen diese Beispiele konkrete Vorläufer und Referenzmodelle für den geplanten Gebäudetyp E dar. Sie verdeutlichen, dass zahlreiche Regelungen und Standards bereits flexibilisiert oder pragmatisch angewendet werden und liefern belastbare Erkenntnisse dafür, wie durch rechtliche und administrative Vereinfachungen effizienter und somit im Ergebnis kostengünstiger gebaut werden kann.

5.1 Gebäudetyp-e in Bayern

Mit den Pilotprojekten zum Gebäudetyp-e treibt der Freistaat Bayern das einfache, innovative und kostengünstige Bauen gezielt voran. Ein Grund dafür ist die bundesweite Krise der Bauwirtschaft, geprägt von hohen Baukosten, übermäßiger Bürokratie und rückläufigen Bauvorhaben. Ziel der Initiative ist es, neue Spielräume bei Bauvorgaben zu erproben, Bürokratie abzubauen und praxisnahe Erkenntnisse für die gesamte Baubranche zu gewinnen (Bayerisches Staatsministerium für Wohnen, Bau und Verkehr 2025).

Ein zentraler Meilenstein ist die Grundsteinlegung für das Projekt „Das große kleine Haus" im Münchener Kreativquartier (Das große kleine Haus 2026). Der

© Der/die Autor(en), exklusiv lizenziert an Springer Fachmedien Wiesbaden GmbH, ein Teil von Springer Nature 2026
Y. Linnemann, *Einfach(es) Bauen: Zivilrechtliche Grundlagen und Beispiele aus der Praxis*, essentials,
https://doi.org/10.1007/978-3-658-51282-8_5

genossenschaftliche Neubau mit rund 4000 m² Bruttogeschossfläche kombiniert Wohn- und Gewerbenutzungen, darunter ein Quartierscafé und eine Multihalle. Um das Projekt in der vorgesehenen Form zu realisieren, wurden gezielte Befreiungen vom Bebauungsplan erteilt. Im hohen Wohnteil konnte unter anderem eine Holzbauweise umgesetzt und auf kostenintensive sicherheitstechnische Anlagen verzichtet werden. Weitere innovative Ansätze sind ein reduzierter Schallschutz, der Verzicht auf eine Lüftungsanlage sowie die Wiederverwendung von Stahlbauteilen. Der Freistaat unterstützt das Projekt mit bis zu 200.000 € aus dem Bayerischen Holzbau-Förderprogramm.

Neben diesem Vorhaben befinden sich bereits drei weitere Pilotprojekte in der Bauphase. Als erstes Projekt ist das „Haus fast ohne Heizung" in Ingolstadt fertiggestellt und bezogen (nbundm* 2025). Weitere Pilotprojekte stehen kurz vor Baubeginn oder befinden sich noch in der Planung. Insgesamt werden 19 Projekte wissenschaftlich begleitet, um belastbare Erkenntnisse für kostengünstiges und ressourcenschonendes Bauen zu gewinnen (Bayerisches Staatsministerium für Wohnen, Bau und Verkehr 2025).

Auch Gebäude der Daseinsvorsorge stehen im Fokus der Initiative. Als erstes Schulbauprojekt ist der Neubau der Ellis-Kaut-Grundschule in Germering bereits in die Bauphase. Die gewonnenen Erkenntnisse sollen insbesondere für zukünftige, wirtschaftliche und nachhaltige Schulbauten nutzbar gemacht werden.

5.2   Hamburg-Standard

Die Initiative kostenreduziertes Bauen in Hamburg zeigt auf, dass durch gezielte Maßnahmen eine Senkung der Baukosten um bis zu einem Drittel bzw. rund 2.000 € brutto pro m² Wohnfläche (in den Kostengruppen 200–700) möglich sein können (Initiative kostenreduziertes Bauen 2026). Die identifizierten Einsparpotenziale verteilen sich auf drei zentrale Handlungsfelder: kostenreduzierende Baustandards, optimierte Planung und Prozesse sowie beschleunigte Genehmigungsverfahren. Die Ergebnisse beruhen auf einer systematischen Analyse und wurden von externen Gutachtern wissenschaftlich plausibilisiert und monetär bewertet.

Im Handlungsfeld kostenreduzierende Baustandards wurden 39 konkrete Vereinfachungsmöglichkeiten identifiziert, unter anderem in den Bereichen Baukonstruktion, Gebäudetechnik, Barrierefreiheit, Schall- und Brandschutz. Alle Abweichungen zielen darauf ab, Standards zu vereinfachen, die den Wohnungsbau verteuern, auf die jedoch ohne wesentliche Qualitätsverluste verzichtet werden kann. Allein hierdurch lassen sich Baukosten um bis zu 600 € brutto pro m² senken.

Weitere Einsparpotenziale von bis zu 1.000 € brutto pro m² ergeben sich durch gezielten Verzicht auf oder Vereinfachungen von ausgewählten technischen und baulichen Anforderungen, etwa bei Untergeschossen, Fassadengestaltung oder Außenanlagen. Auch bei energetischen Anforderungen empfiehlt die Initiative, auf Standards zu verzichten, die über die gesetzlichen Vorgaben des Gebäudeenergiegesetzes hinausgehen.

Zusätzliche Einsparungen von bis zu 400 € brutto pro m² können durch optimierte Planungs- und Genehmigungsprozesse realisiert werden. Analysen zeigen, dass insbesondere eine frühzeitige und effiziente Planung, eine verbesserte Abstimmung aller Projektbeteiligten, die Reduzierung von Schnittstellen sowie die Vermeidung von Verzögerungen maßgeblich zur Kostensenkung beitragen. Auch Beschleunigungen im Bau- und Genehmigungsprozess verhindern Mehrkosten, die durch Zeitverzug entstehen.

Die Initiative versteht Kostensenkung als kontinuierlichen Prozess. Die bisherigen Ergebnisse bilden eine belastbare Grundlage, von der ausgehend geltende Standards reduziert und weitere Optimierungspotenziale systematisch identifiziert werden sollen, um langfristig bezahlbaren und zukunftsfähigen Wohnungsneubau zu ermöglichen.

5.3 Regelstandard Erleichtertes Bauen in Schleswig-Holstein

In Schleswig-Holstein hat die Arbeitsgemeinschaft für zeitgemäßes Bauen e. V. (ARGE eV) als Reaktion auf die anhaltend steigenden Baukosten, zunehmende regulatorische Anforderungen sowie die daraus resultierenden Herausforderungen im Wohnungsneubau den „Regelstandard Erleichtertes Bauen in Schleswig-Holstein" entwickelt.

Die ARGE eV ist eine seit Jahrzehnten etablierte, interdisziplinäre Institution mit Sitz in Schleswig-Holstein, die sich der Förderung von Qualität, Wirtschaftlichkeit und Nachhaltigkeit im Wohnungsbau verschrieben hat. In enger Zusammenarbeit mit Wohnungsunternehmen, Planenden, der Bauwirtschaft, der Wissenschaft sowie der öffentlichen Hand entwickelt und evaluiert die ARGE eV praxisorientierte Standards, Forschungsprojekte und Handlungsempfehlungen. Ziel ist es, durch fundierte Analysen und evidenzbasierte Konzepte einen zeitgemäßen, sozial verantwortlichen und ökonomisch tragfähigen Wohnungsbau zu ermöglichen (ARGE eV 2026).

Ziel des „Regelstandard Erleichtertes Bauen" ist es, durch eine bewusste Reduktion baulicher, technischer und ausstattungsbezogener Anforderungen ein kostenoptimiertes Bauen zu ermöglichen, ohne dabei die grundlegenden Anforderungen an Sicherheit, Gebrauchstauglichkeit, Dauerhaftigkeit und Wohnqualität zu unterschreiten. Er definiert die in der Sozialen Wohnraumförderung in Schleswig-Holstein förderfähigen Maßnahmen, die auf Grundlage von gültigen Normen und Gesetzen eine wirtschaftliche Umsetzung erlauben. Bei konsequenter Umsetzung des Regelstandards sollen sich insbesondere die Baukosten in Bezug auf die Bauwerkskonstruktion und den technischen Ausbau bis zu 25 % im Vergleich auf die bislang gängige Praxis einsparen lassen. Hinzu kommt eine Reduzierung des Ressourcenverbrauchs und der Treibhausgasemissionen (ARGE eV 2024).

Fazit

6

Das Eckpunktepapier Gebäudetyp E geht in die richtige Richtung, wobei die Schaffung eines neuen Vertragstypen zu hinterfragen ist. In jedem Fall kann die Änderung der zivilrechtlichen Regelungen für Bau- sowie Architekten- und Ingenieurverträge allerdings immer nur ein Baustein für das Vorhaben des einfacheren und insbesondere kostengünstigeren Bauens sein. Hilfreich wäre auch eine Anpassung der Landesbauordnungen, sodass die Vorgaben für die Errichtung von Wohngebäuden generell wieder niedriger sind, solange und soweit es nicht um unverzichtbare Sicherheitsstandards wie Standsicherheit, Brandschutz, Feuchteschutz und einen gewissen Schallschutz geht. Die Vermutung, dass technische Regelwerke wie DIN-Normen etc. anerkannte Regeln der Technik sind, ist zu hinterfragen und sollte von den Gerichten, die sich auf die Vermutungswirkung berufen, begründet werden. Dies dürfte ohne Anpassung der Normgebungsverfahren nur schwer möglich sein.

Solange der Gesetzgeber allerdings weder die zivilrechtlichen Rahmenbedingungen noch die öffentlich-rechtlichen Voraussetzungen grundlegend ändert, wird es – wie es auch die bisherigen alternativen Initiativen vormachen – an den Beteiligten eines Bauvorhabens sein, selbst dafür zu sorgen, dass auf Grundlage des bestehenden Rechts einfacher und kostengünstiger gebaut wird – allerdings immer mit den dargestellten Risiken im Hinterkopf.

Wenn man einfacher und kostengünstiger bauen will, sollte bereits eine entsprechende Planung erfolgen. Bereits hier müssten die Parteien das planerische Abweichen von üblichen Standards und (wo möglich) den allgemein anerkannten Regeln der Technik vereinbaren. Dabei sind insbesondere die Standards für Standsicherheit und Brandschutz, die in den Landesbauordnungen geregelt sind, nicht

© Der/die Autor(en), exklusiv lizenziert an Springer Fachmedien Wiesbaden GmbH, ein Teil von Springer Nature 2026
Y. Linnemann, *Einfach(es) Bauen: Zivilrechtliche Grundlagen und Beispiele aus der Praxis*, essentials,
https://doi.org/10.1007/978-3-658-51282-8_6

verhandelbar. Allerdings dürfte es möglich sein, z. B. vom Feuchteschutz (schwarze oder weiße Wanne, s. o.) oder Wärmeschutz abzuweichen, wenn der Auftraggeber das Risiko, das mit einer nicht den allgemein anerkannten Regeln der Technik entsprechenden Ausführung einhergeht, kennt. Gleiches gilt für den Schallschutz. Ein gewisses Minimum ist nicht abdingbar, aber der übliche und erwartbare Standard kann unterschritten werden. Unverzichtbar ist dafür allerdings, dass die Parteien offen darüber kommunizieren, was das bedeutet und der Bauherr dies versteht.

Man könnte bereits in der Präambel eines entsprechenden Planer- und (dem folgend) Bauvertrags festhalten, dass das Bauvorhaben einfacher und kostengünstiger gebaut wird und daher von üblichen Standards abgewichen werden soll. Das allein reicht aber selbstverständlich nicht. Vielmehr muss zunächst der Planer den Auftraggeber darüber aufklären, welche Ausführung den allgemein anerkannten Regeln der Technik entspricht und welche Komfortstandards bei einem vergleichbaren Bauwerk üblich und erwartbar sind. Wichtig ist zudem, mit welchen (geschätzten) Kosten eine solche Ausführung verbunden wäre. Dann hätte der Planer aufzuzeigen, welche alternativen Ausführungsmöglichkeiten es gibt, welche Konsequenzen und Risiken sowie welche (geschätzten) Kosteneinsparungen damit verbunden wären.

Die Anforderungen daran müssen für jeden Einzelfall konkret geprüft werden. Allerdings können die folgenden Beispiele Leitlinien geben, um darauf aufbauend zu überlegen, ob dies für ein konkretes Vorhaben umsetzbar ist.

Am Beispiel des Feuchteschutzes könnte der Planer den Bauherrn darauf hinweisen, dass aufgrund der vorgefundenen Bodenverhältnisse nur eine WU-Konstruktion den allgemein anerkannten Regeln der Technik entspricht mit der Folge, dass das Bauwerk über seine gesamte Lebensdauer dicht bleiben sollte, und was das kostet. Alternativ könnte auch eine Bitumenabdichtung in Betracht kommen, die eine (geschätzte) Kostenersparung bringen könnte mit dem Risiko, dass das Bauwerk nicht die gesamte Lebensdauer dicht bleibt, sondern unter Umständen nach einem zu benennenden Zeitraum Feuchtigkeitsschäden aufweisen kann.

Am Beispiel des Schallschutzes könnte der Planer den Bauherrn darauf hinweisen, dass diese und jene Schalldämmung und Ausführung bei vergleichbaren Objekten üblich ist und was das konkret für die zu erwartende Geräuschbelästigung bedeutet. Dafür darf der Planer einerseits nicht bloß „blumig" umschreiben, was mit einem solchen Schallschutz verbunden wäre („wohlfühlen", „angenehm",...). Andererseits können insbesondere nicht fachkundige Besteller nichts mit abstrakten Dezibelangaben oder Verweise auf DIN-Normen anfangen. Allerdings kann sich jeder, der schon einmal in einer Wohnung in einem Mehrfamilienhaus gewohnt hat, etwas darunter vorstellen, welche Geräusche man in welcher Intensität hört, z. B. Gespräche in Zimmerlautstärke und Musik aus der Nebenwohnung,

Schritte aus der Wohnung über einem, Rauschen in Leitungen, Straßenlärm … Der Planer müsste also darlegen, was man mit einem üblichen Standard hört (von Gesprächen hört man Gemurmel, leise Schritte, kein Rauschen, …) und was bei einem niedrigeren Standard hört (man kann die Personen unterscheiden oder man versteht fast jedes Wort, man hört Schritte deutlich, man hört Rauschen, …). Bei einer solchen Aufklärung sollte der verständige Bauherr verstehen, was mit einem niedrigeren Standard verbunden wäre und eine eigene Entscheidung darüber treffen können, ob er diesen (günstigeren) Standard möchte oder den höheren teureren üblichen Standard. Wenn das Budget allerdings begrenzt ist, muss der Bauherr sein Vorhaben aufgeben, wenn er niedrigere Standards nicht möchte und er sich höhere bzw. übliche Standards nicht leisten kann oder will.

Aufgrund der Darlegungs- und Beweislast sollten die Aufklärung über die Risiken und Konsequenzen, die damit verbunden sind, wenn abweichend gebaut wird, und das Einverständnis des Bauherrn damit (schriftlich) festgehalten werden, etwa in ausführlichen Entscheidungsvorlagen des Planers, die der Bauherr unterzeichnet, und im darauf aufbauenden Bauvertrag. Gleiches gilt für den Kauf- und/ oder Mietvertrag über ein entsprechendes Gebäude. Käufer und Mieter müssen über die vom Üblichen abweichende Ausführung nachvollziehbar aufgeklärt werden und ihr Einverständnis dazu erklären.

Es bleibt allerdings immer das Risiko, dass im nicht gewollten Streitfall die Gerichte unter Berücksichtigung der dargestellten Rechtsprechung des BGH eine solche Aufklärung nicht als ausreichend anerkennen. Aber: Je ausführlicher und nachvollziehbarer dargelegt wird, dass und worüber gesprochen wurde, desto weniger wird ein Gericht annehmen können, der Unternehmer hätte stillschweigend etwas anderes versprochen. Es gilt immer noch das Prinzip der Privatautonomie und der Grundsatz, dass geschlossene Verträge gelten.

Gerade im Zusammenhang mit alternativen Ausführungen könnte es zudem sinnvoll sein, die ausführenden Unternehmen bereits in der Planungsphase im Sinne der „last-planer-Methode" zu beteiligen. So kann u. U. verhindert werden, dass günstigere alternative Planungen nicht an der konkreten Ausführung vor Ort scheitern.

Eine solche Aufklärung kann in der Tat Aufwand verursachen, der u. U. über den üblichen Aufwand eines Planers hinausgeht, ohne dass es sich zwangsläufig um Besondere Leistungen handeln würde. Gleichzeitig reduzieren sich (bestenfalls) die Baukosten und damit auch die anrechenbaren Kosten nach der Honorarordnung für Architekten und Ingenieure (HOAI), sodass ein HOAI-Honorar trotz Mehraufwand geringer ausfallen kann als bei einer herkömmlichen Planung und Ausführung. Daher stellt sich die berechtigte Frage, ab wann bzw. bei welchen Bauvorhaben eine solche Planungsaufgabe sinnvoll angeboten werden soll. Allerdings dürften sich die üblichen Standards nicht ständig ändern und sich die Aufklärungen immer wieder ähnlich darstellen, sodass einem Planer Synergieeffekte zugutekommen sollten, wenn er häufiger entsprechende Planungsleistungen erbringt. Der Planer kann aber auch ein Honorar anbieten, dass sich nicht an der HOAI orientiert und seinem mit der abweichenden Planung zusammenhängen (Mehr-)Aufwand besser abbildet. Besonders sinnvoll dürfte eine solche Planung aber sein, wenn sie mit den Themen des seriellen Bauens oder der Typengenehmigung verbunden wird. Das bedeutet, dass eine abweichende Planung nur einmal ausgeführt werden muss, aber mehrfach verwendet werden kann, sodass die (ggf. höheren) Planungskosten auf mehrere Objekte umgelegt werden können.

In jeden Fall sollte ein Planer vorab mit seiner Berufshaftpflichtversicherung abklären, ob Versicherungsschutz besteht, wenn vorsätzlich von allgemein anerkannten Regeln der Technik abgewichen wird.

Letztlich dürfte es also bereits jetzt mit einem gewissen Aufwand und Risiko möglich sein, einfacher und günstiger zu bauen. Der Markt muss dann zeigen, ob es für solche Objekte eine Nachfrage gibt.

Allerdings kann auch die prinzipielle Möglichkeit, dass von üblichen hohen Standards abgewichen wird, nicht über das Problem hinweghelfen, dass es schlicht zu viele, unüberschaubare technische Regelungen gibt, die für eine wirksame Abweichung Vereinbarungsbestandteil sein müssten. Diese Thematik zu lösen, ist aber kein (rein) zivilrechtliches Problem.

Was Sie aus diesem *essential* mitnehmen können

- Der funktionale Werkerfolg muss immer eintreten.
- Die allgemein anerkannten Regeln der Technik werden stillschweigend als Mindeststandard geschuldet.
- Ohne abweichende Vereinbarung schuldet der Unternehmer ein Werk, das den üblichen, bei gleichen und gleichzeitig errichteten Werken vorhandenen Standards entspricht.
- Man kann sowohl im Bau- und Architektenrecht als auch im Kauf- und Mietrecht niedrigere Standards vereinbaren, wenn der Besteller umfassend über die Konsequenzen und Risiken aufgeklärt wurde und damit einverstanden ist.
- Der Gesetzgeber will einen neuen Vertragstypen „Gebäudetyp E" etablieren.

Literatur

ARGE eV. 2024. Regelstandard Erleichtertes Bauen. Mitteilungsblatt Nr. 263 der ARGE e. V. https://forumstadtundland.sh/fileadmin/forum-stadt-und-land/arge_ev_mitteilungsblatt_nr._263_regelstandard_erleichtertes_bauen.pdf. Abgerufen am 29.01.2026.

ARGE eV. 2026. Arbeitsgemeinschaft für zeitgemäßes Bauen e.V. https://arge-ev.de/arge-ev. Abgerufen am 29.01.2026.

Baureis, A./Dressel, F. 2024. Gebäudetyp-E-Gesetz – es wird ernst. IBR 2024, 1081

Bayrische Architektenkammer. 2026. Gebäudetyp-e – Eine Initiative der Bayerischen Architektenkammer. https://www.byak.de/gebaeudetyp-e.html. Abgerufen am 29.01.2026.

Bayrisches Staatsministerium für Wohnen, Bau und Verkehr. 2025. Pilotprojekte: einfach und innovativ bauen in Bayern. https://www.stmb.bayern.de/med/pressemitteilungen/pressearchiv/2025/17/index.php. Abgerufen am 29.01.2026.

Bolz, S./Jurgeleit, A. (2025). VOB/B. 2. Aufl. München: Beck.

Bundesgerichtshof. 2026. Geschäftsverteilungsplan 2026, Zivilsenate. https://www.bundesgerichtshof.de/DE/DasGericht/Geschaeftsverteilung/Geschaeftsverteilungsplan2026/Zivilsenate2026/zivilsenate2026.html?nn=10937200#6. Abgerufen am 29.01.2026.

Bundesministerium der Justiz und für Verbraucherschutz und Bundesministerium für Wohnen, Stadtentwicklung und Bauwesen. 2025. Gebäudetyp E – Gemeinsame Eckpunkte. https://www.bmwsb.bund.de/SharedDocs/downloads/DE/veroeffentlichungen/bauen/gebaeudetyp-e-pm.pdf?__blob=publicationFile&v=1. Abgerufen am 29.01.2026.

Bundesministerium für Umwelt, Naturschutz, Bau und Reaktorsicherheit. Bericht der Baukostensenkungskommission. 2015. https://www.zukunftbau.de/fileadmin/user_upload/05_KostBau/Baukostensenkungskommission/baukostensenkungskommission_Endbericht_2015.pdf. Abgerufen am 29.01.2026.

Cramer, S. Kandel, R./Preussner, M. (2025). BeckOK VOB/B. 61. Ed. München: Beck.

Das große kleine Haus. 2026. https://dasgrossekleinehaus.de/. Abgerufen am 29.01.2026.

Deutscher Baugerichtstag e. V. 2025. 10. Deutscher Baugerichtstag 23./24.05.2025 in Hamm (Westf.) – Vorstellung der Empfehlungen der Arbeitskreise. https://baugerichtstag.de/wp-content/uploads/2025/05/Empfehlung.pdf. Abgerufen am 29.01.2026.

Deutscher Bundestag. 2024. Gesetzentwurf der Bundesregierung. Entwurf eines Gesetzes zur zivilrechtlichen Erleichterung des Gebäudebaus (Gebäudetyp-E-Gesetz). https://dserver.bundestag.de/btd/20/139/2013959.pdf Abgerufen am 29.01.2026.

Deutsches Institut für Normung e. V. 2022. https://www.din.de/de/ueber-normen-und-standards/din-norm/din-820-1-ausgabe-2022-12%2D%2D189118. Abgerufen am 29.01.2026.

Gabriel, M./Mertnes, S./Stein, R. M./Wolf, F. (2025). BeckOK VergabeR. 32. Ed. München: Beck.

Glöckner, J./Manteufel, T./Rehbein, G. (2025) Handbuch des privaten Baurechts. 7. Aufl. München: Beck.

Hau, W./Poseck, R. (2024). OK BGB, 76. Ed. München: Beck.

Ingenstau, H./Korbion, H./Leupertz, S./von Wietersheim, M. (2026). VOB Teile A und B – Kommentar. 23. Aufl. Düsseldorf: Werner.

Initiative kostenreduziertes Bauen. 2026. Der Hamburg-Standard. https://www.bezahlbar-bauen.hamburg/. Abgerufen am 29.01.2026.

Joussen, E. (2022), Anerkannte Regeln der Technik als Maßstab für die Mangelhaftigkeit der Werkleistungen, BauR 2022 350.

Kapellmann, K./Messerschmidt, B. (2025). VOB Teile A und B. 9. Aufl. München: Beck.

Kniffka, R./Jurgeleit, A. (2026). ibr-online-Kommentar Bauvertragsrecht. Stand 01.01.2026. Mannheim: id.

Kniffka, R./Koeble, W./Jurgeleit, A./Sacher, D. (2025). Kompendium des Baurecht. 6. Aufl. München: Beck.

Langen, W./Berger. A./Dauner-Lieb. B. (2022). Kommentar zum Bauvertragsrecht. 2. Aufl. München: Beck.

Leinemann, R./Kues, J.-H. (2023). BGB-Bauvertragsrecht, 2. Aufl. München: Beck.

Leupertz, S./Preussner, M./Sienz, C. (2025). BeckOK Bauvertragsrecht. 30. Ed. Beck: München.

Leupertz, S. (2025), Die anerkannten Regeln der Technik als Element des Mangelbegriffs, BauR 2025, 365.

Messerschmidt, B./Voit, W. (2026). Privates Baurecht. 5. Aufl. München: Beck.

Motzke, G. (2020), Die Regeln der Technik und das Recht – Teil 2, BauR 2020, 169.

nbundm*. 2025. 213 HAUS FAST OHNE HEIZUNG. https://www.nbundm.de/213-haus-fast-ohne-heizung. Abgerufen am 29.01.2026.

Popescu, P. (2024), Bezahlbarer Wohnraum trotz allgemein anerkannter Regeln der Technik?, BauR 2024, 1585.

Ritter-Höll, A./Vogel, A. O. (2019), Anerkannte Regeln der Technik und DIN-Normen, BauR 2019, 1681.

Säcker, F. J./Rixecker, R./Oetker, H./Limberg, B./Schubert, C. (2023). Münchener Kommentar zum Bürgerlichen Gesetzbuch. 9. Aufl. München: Beck.

Schettler, J. (2024). Der Referentenentwurf zum Gebäudetyp-E-Gesetz. NZBau 2024, 587.

Schmidt-Futterer, W./Börstinghaus, U. P. (2024). Mietrecht. 16. Aufl. München: Beck.

Seibel, M. (2013). Abgrenzung der „allgemein anerkannten Regeln der Technik" vom „Stand der Technik". NJW 2013, 3000.

Seibel, M. (2014), Konkretisierung der „allgemein anerkannten Regeln der Technik" – insbesondere außerhalb von schriftlichen technischen Regelwerken, BauR 2014, 909.

Steffen, M. (2023). Kampfansage an die anerkannten Regeln der Technik. NJW-Spezial 2023, 492.

Thesenheft 10. Deutscher Baugerichtstag am 23./24. Mai 2025 in Hamm/Westf. (2025). BauR 2025.

VII. Zivilsenat des Bundesgerichtshof. (2024). Standpunkt zum Referentenentwurf eines Gesetzes zur zivilrechtlichen Erleichterung des Gebäudebaus (Gebäudetyp-E-Gesetz). BauR 2024, 1725.

Werner, U./Pastor. W. (2023). Der Bauprozess, 18. Aufl. Düsseldorf: Werner.

Zöller, M. (2024), Gebäudetyp E = a.R.d.T., nicht deren Unterschreitung!, IBR 2024, 443.